초등 영어표현 익힘책

저자
김주원

한국교원대학교에서 초등영어교육을 전공하고, 2015 및 2022 개정 초등 영어 교과서 집필에 참여했다. 20년간의 교직 생활을 사랑과 열정, 책임감으로 채워가며, 아이들의 성장에 함께해 왔다. 최근에는 버츄 프로젝트, 존재코칭, 심리학 등 다양한 분야로 공부의 폭을 넓히며, 삶의 중심에 '나' 자신이 있어야 진정한 행복을 느낄 수 있다는 통찰을 얻고 있다.

교육은 학생 한 사람 한 사람이 '나답게' 성장하도록 조력하는 일이어야 한다는 신념 아래, 영어 수업 또한 학생이 중심이 되는 의미 있고 즐거운 배움의 과정이 되어야 한다고 믿는다. 오늘도 아이들의 내면이 빛나는 수업을 위해 끊임없이 고민하고 있다.

초등 영어표현 익힘책 1

초판 1쇄 인쇄 2025년 7월 3일
초판 1쇄 발행 2025년 7월 15일

저자 김주원
발행인 박효상
편집장 김현　　**기획·편집** 장경희, 오혜순, 이한경, 박지행
디자인 임정현　　**마케팅** 이태호, 이전희　　**관리** 김태옥
표지·내지 디자인 김민정　　**교정·교열 진행** 홍윤영
종이 월드페이퍼　　**인쇄·제본** 예림인쇄·바인딩　　**녹음** YR미디어

출판등록 제10-1835호　　**발행처** 사람in
주소 04034 서울시 마포구 양화로 11길 14-10(서교동) 3F
전화 02) 338-3555(代)　　**팩스** 02) 338-3545
E-mail saramin@netsgo.com　　**Website** www.saramin.com

책값은 뒤표지에 있습니다.
파본은 바꾸어 드립니다.

ⓒ 김주원 2025

ISBN
979-11-7101-172-8 64740
979-11-7101-171-1 (set)

우아한 지적만보, 기민한 실사구시 사람in

어린이제품안전특별법에 의한 제품표시	
제조자명 사람in **제조국명** 대한민국 **사용연령** 5세 이상 어린이 제품	**전화번호** 02-338-3555 **주　소** 서울시 마포구 양화로 　　　11길 14-10 3층

교과 연계 필수 표현으로 영어 자신감 UP

초등 영어표현 익힘책

김주원 지음

1

3~4학년용

사람in

영어를 잘하고 싶은 여러분에게...

선생님은 초등학교에서 영어를 가르치고 공부하면서 "영어를 잘하는 학생들의 비법이 뭘까?", "어떻게 하면 영어를 잘할 수 있을까?"를 늘 고민해 왔습니다. 선생님이 찾은 영어 잘하는 비법은 '재미'에 있었어요! 지루하게 긴 시간 앉아 있는 것보다 짧은 시간이라도 재미있게 공부하면 기억에 훨씬 많이 남는다는 건 여러분도 경험을 통해 잘 알고 있을 거예요. 그렇다면 **영어 공부의 재미**는 어떻게 찾아야 할까요?

두 가지 비법을 알려줄게요. 먼저, **스스로 영어 공부를 해야 하는 이유와 목적을 찾아야** 해요. 여러분은 왜 영어 공부를 하나요? 단순히 엄마가 시켜서? 다들 하니까? 학교에서 좋은 성적을 받아야 하니까? 그렇다면 영어를 배워서 어디에 쓸까요?

쉽게 대답이 나오지 않는다면 여러분이 미래에 하고 싶은 일을 떠올려 보세요. 예를 들어 내가 유명한 식당의 사장님이 되었다고 상상해 봅시다. 한국에 여행을 온 외국인 관광객이 내 식당을 찾아왔습니다. 그분들에게 안부도 묻고, 주문도 받고, 음식이 입맛에 맞는지 등을 물으며 소통하는 모습이 떠오릅니다. 그렇게 맛있게 먹고 돌아간 고객이 내 식당의 SNS에 후기를 영어로 달았을 때, 그에 대한 대답을 영어로 하는 나의 모습도 그려져요. 그렇게 나의 고객은 한국인에서 전 세계인으로 확대될 수 있겠지요. 식당 사장님, 코딩 전문가, 건축 기술자, 로봇 과학자, 선생님, 의사 등 여러분이 어떤 직업을 갖더라도 여러분과 소통할 사람은 한국 사람만이 아니에요. 그러니 이렇게 생각해 보는 게 어때요? '미래의 나의 모습을 떠올려 보니 전 세계인들과 자연스럽게 소통하는 모습이 그려져. 그 모습을 실현하기 위해 매일 조금씩 영어 공부를 해볼래!'라고요. 영어 공부를 하고 싶은 마음이 조금은 더 커졌을까요?

재미를 찾는 두 번째 비법은 **영어와 내가 만나는 것**이에요. 책에서 공부한 내용을 나의 생활 속으로 가지고 들어와 적용해 보아야 한다는 이야기예요. 예를 들어 I like chicken. 을 배웠다면, '내가 좋아하는 건 뭐지?'를 떠올려 보는 거예요. '아, 나는 비빔밥을 좋아하지!' 하면 I like bibimbap. 이라고 말해 보는 것이죠. 노란색을 좋아한다면 I like yellow.라고 말할 수 있겠죠. 이렇게 '나'와 관련된 영어 표현을 떠올려 그 표현을 직접 말하거나 써 보면서 '나의 것'으로 만들어 나가는 연습을 하다 보면 어느 순간 영어가 더욱 재미있게 느껴질 거예요.

영어와 내가 만나는 것을 연습해 볼 수 있게 이 책은 다음과 같은 내용들로 구성되어 있어요.

① 2022 개정 영어과 교육과정에서 제시하는 3~4학년의 주요 의사소통 기능문의 핵심 표현을 모두 담았어요.
② 개정된 영어과 교육과정에서 강조하는 내용을 반영하여 '이해'와 '표현' 영역으로 나누어 제시했어요. 왼쪽 페이지에서는 핵심 표현을 익히고(이해), 오른쪽 페이지에서는 그 표현을 말하면서 써 보도록(표현) 구성했죠.
③ 핵심 표현의 쓰기 및 말하기 활동을 통합적으로 제시하여 학습의 효율을 높였어요.
④ 핵심 표현과 관련하여 최소한의 문법 설명, 맥락적 의미, 실제 활용할 때의 유의점 등을 담아 공부용 영어가 아닌 실제 의사소통을 위한 영어를 익히는 데에 도움이 되도록 했어요.
⑤ Chapter 별로 4일치 학습을 마친 후에는 단어 및 문장을 복습하고, Real Writing을 통해 여러분의 이야기를 써 보도록 구성했어요.

이 책을 한 장 한 장 공부해 나가다 보면 3~4학년 영어 교실에서 익히는 핵심 표현을 모두 익히는 것은 물론이고, 그 표현을 생생하게 내 것으로 가지고 와서 나의 이야기를 쓰고 말할 수 있게 될 거예요. 이 책을 통해 3~4학년에서 공부하는 다양한 표현을 만나 보세요. 그리고 그 표현을 여러분의 것으로 만들어 여러분의 이야기를 영어로 쓰고 말해 보세요. 어느 순간 영어 표현 자신감이 쑥쑥 자라 있을 거예요.

김주원

 # 이 책의 구성 및 활용

영어 공부의 기본 체크하기

영어 공부의 기본이 되는 알파벳 쓰는 법과
영문장의 종류, 어순 등을 간단히 살펴봐요.

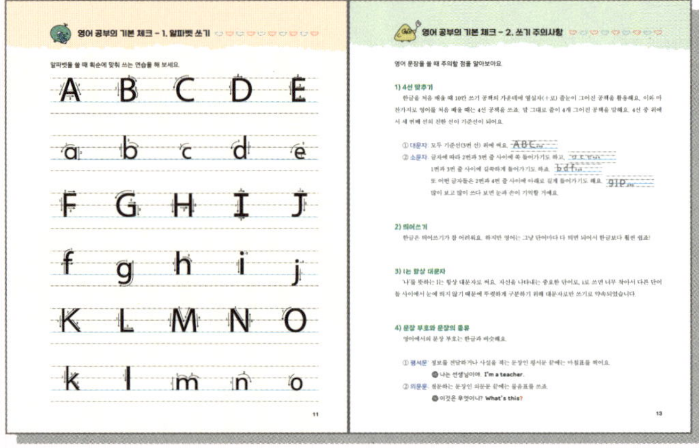

핵심 표현 이해하기

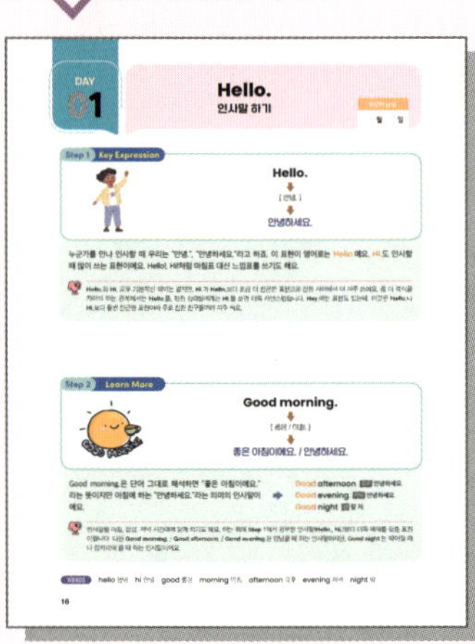

공부 날짜 적기

- 꾸준히 공부하는 습관을 기를 수 있어요.
- 스스로 공부한 날을 기록하며 성취감을 느낄 수 있어요.

Step 1 Key Expression

- 어떤 뜻을 담고 있는지 생각하며 소리 내어 읽어 보아요.
  자연스럽게 한국어와 다른 영어 어순을 익힐 수 있어요.
- 표현에 대한 간단한 설명과 함께 같은 패턴의 문장을 공부하며 표현을 익혀요.

핵심 표현 및 응용 표현을 이해하는 데에 도움이 되는 추가 설명을 담았어요.
꼼꼼하게 읽다 보면 표현에 대한 궁금증이 해소될 거예요.

Step 2 Learn More

- 어떤 뜻을 담고 있는지 생각하며 소리 내어 읽어 보아요.
- 표현에 대한 간단한 설명과 함께 같은 패턴의 문장을 공부하며 표현을 익혀요.

TIPS 핵심 표현 및 응용 표현과 관련하여 실제 사용할 때의 유의점, 문화적으로
참고할 내용, 더불어 알아두면 유용한 표현 등을 담았어요.

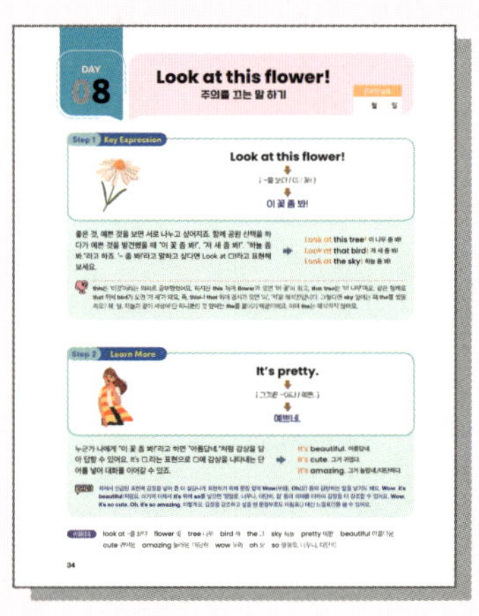

WORDS Step 1, 2에서 처음 나온 단어를 실었어요.
꾸준히 외우며 표현을 익혀 나가면 자신감이 쑥쑥 자랄 거예요.

초등 3~4학년에서 배우는 핵심 영어 표현을 하루에 한 주제씩 공부하며 익히도록 만들었습니다.

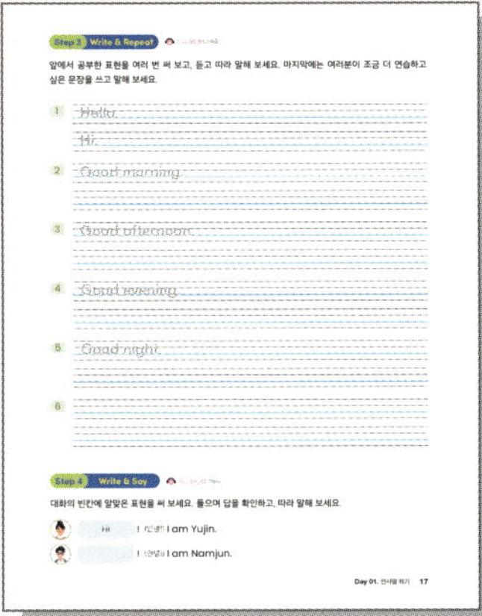

Step 3 Write & Repeat

- Step 1, 2에서 공부한 표현을 원어민 음성을 들으며 직접 쓰고, 따라 말해요.
- 주제에 따라 여러분의 실제 정보나 상황 등을 떠올려 문장을 직접 완성하고 말하기도 한답니다.

Step 4 Write & Say

- 대화의 빈칸을 채워 쓴 다음, 원어민 음성을 들으며 답을 확인해요.
- 가족이나 친구들과 역할을 나누어 직접 대화해 보세요.

Word Review

매주 4일 동안 배웠던 표현 속 단어들이 내 것이 되었는지 문제를 통해 점검해요. 챕터별로 리뷰 스타일이 달라 더욱 재미있게 공부할 수 있어요.

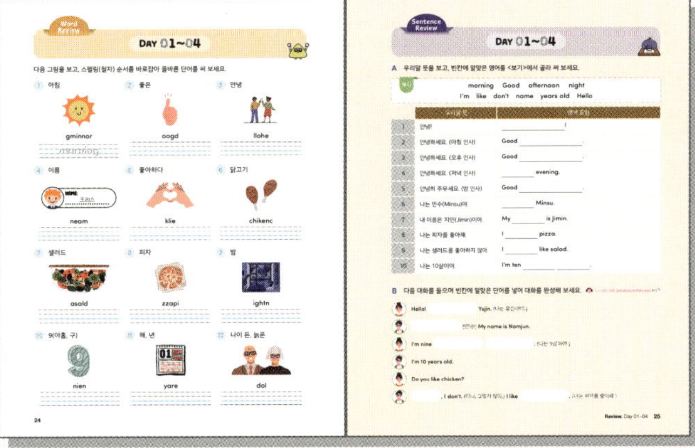

Sentence Review

매주 4일 동안 배웠던 문장들을 잘 기억하고 있는지 '문장 채우기'를 통해 확인해요.

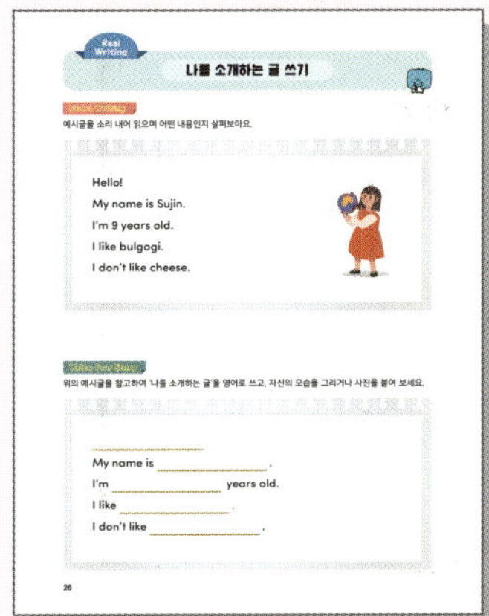

Real Writing

앞서 공부한 표현들을 활용한 짧은 예시글을 보면서 매주 주제에 맞는 나만의 글을 써 봐요.

정답 및 해석

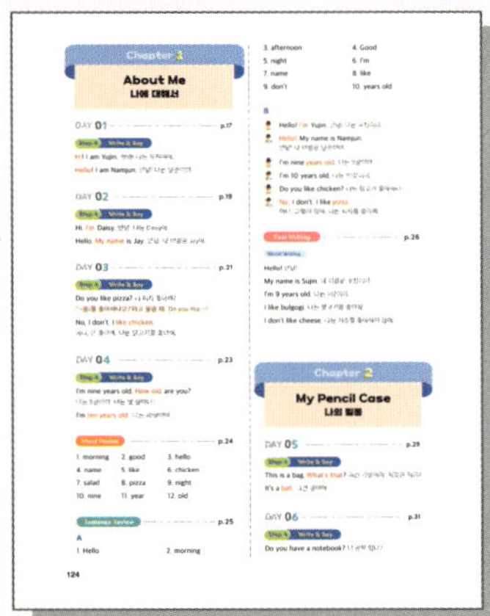

• 본문의 Step 4, Word Review, Sentence Review 문제의 답을 제공해요.
또, Real Writing의 예시글 해석도 함께 넣었어요.

초등 어휘 목록

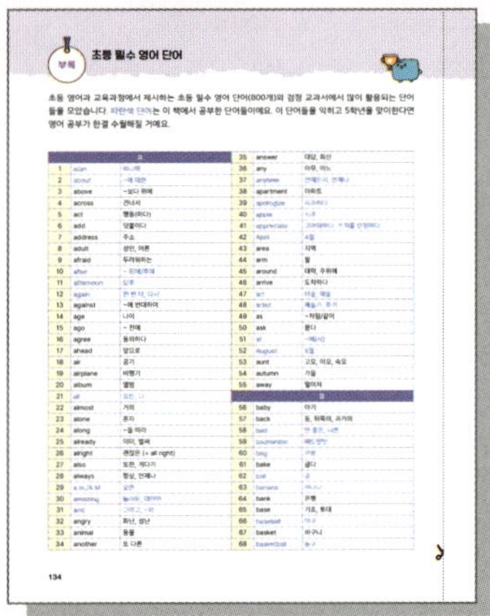

• 교육과정에서 제시하는 초등 필수 영어 단어(800개)와 검정 교과서에서
많이 활용되는 단어들을 실었어요. 스스로 공부하는 데에 도움이 되도록
이 책에서 공부한 단어는 색을 바꾸어 제시했답니다.

음원 듣는 법

스마트폰으로 QR코드를 인식하면
음원을 바로 들을 수 있어요.

사람in 홈페이지(www.saramin.com)에 있는 자료실에서
도서명을 검색하시면 회원 가입 없이 무료로 다운로드 받거
나 '바로듣기'가 가능해요.
바로듣기에서는 재생 속도를 조정할 수 있고, 반복 듣기도
할 수 있어요.

영어 공부의 기본 체크 - 1. 알파벳 쓰기

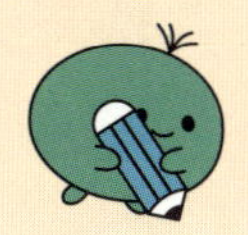

알파벳을 쓸 때 획순에 맞춰 쓰는 연습을 해 보세요.

A B C D E

a b c d e

F G H I J

f g h i j

K L M N O

k l m n o

영어 문장을 쓸 때 주의할 점을 알아보아요.

1) 4선 맞추기

한글을 처음 배울 때 10칸 쓰기 공책의 가운데에 열십자(十로) 줄눈이 그어진 공책을 활용해요. 이와 마찬가지로 영어를 처음 배울 때는 4선 공책을 쓰죠. 말 그대로 줄이 4개 그어진 공책을 말해요. 4선 중 위에서 세 번째 선의 진한 선이 기준선이 되어요.

① 대문자: 모두 기준선(3번 선) 위에 써요. A B C...

② 소문자: 글자에 따라 2번과 3번 줄 사이에 쏙 들어가기도 하고, a c e...

1번과 3번 줄 사이에 길쭉하게 들어가기도 하죠. b d f...

또 어떤 글자들은 2번과 4번 줄 사이에 아래로 길게 들어가기도 해요. g j p...

많이 보고 많이 쓰다 보면 눈과 손이 기억할 거예요.

2) 띄어쓰기

한글은 띄어쓰기가 참 어려워요. 하지만 영어는 그냥 단어마다 다 띄면 되어서 한글보다 훨씬 쉽죠!

3) I는 항상 대문자

'나'를 뜻하는 I는 항상 대문자로 써요. 자신을 나타내는 중요한 단어로, i로 쓰면 너무 작아서 다른 단어들 사이에서 눈에 띄지 않기 때문에 뚜렷하게 구분하기 위해 대문자로만 쓰기로 약속되었습니다.

4) 문장 부호와 문장의 종류

영어에서의 문장 부호는 한글과 비슷해요.

① 평서문: 정보를 전달하거나 사실을 적는 문장인 평서문 끝에는 마침표를 찍어요.

⟮예⟯ 나는 선생님이야. **I'm a teacher.**

② 의문문: 질문하는 문장인 의문문 끝에는 물음표를 쓰죠.

⟮예⟯ 이것은 무엇이니? **What's this?**

③ **명령문**: '~해라', '~해 주세요'라고 다른 사람에게 명령하거나 요청하는 명령문 뒤에는 경우에 따라 마침표 또는 느낌표가 쓰여요.

> 예 문 닫아라! **Close the door!** / 앉아 주세요. **Sit down, please.**

④ **감탄문**: 감정을 표현하는 문장인 감탄문 뒤에는 보통 느낌표가 와요.

> 예 정말 아름다운 날이구나! **What a beautiful day!**

⑤ **청유문**: 어떤 일을 함께 하자는 뜻을 나타내는 문장인 청유문 끝에도 경우에 따라 마침표 또는 느낌표가 쓰이죠.

> 예 가자! **Let's go!** / 우리 축구 하자. **Let's play soccer.**

5) 어순

단어가 모이면 문장이 되지요. '어순'이란 문장 내에서 단어들이 놓이는 순서를 말해요. 영어의 어순은 우리말과 달라요. 우리말은 문장의 주인인 주어(나는), 대상을 가리키는 목적어(너를), '~다'로 끝나는 동사(사랑한다)의 순서대로 써요. 이 순서대로 영어 단어를 놓으면 I you love.가 될 텐데요, 이것은 올바른 영어 표현이 아니에요. 영어의 어순은 주어(I) 다음에 동사(love)가 오고, 그 뒤에 목적어(you)가 온답니다. 위의 문장을 영어로 바르게 옮기면 I love you.가 되죠.

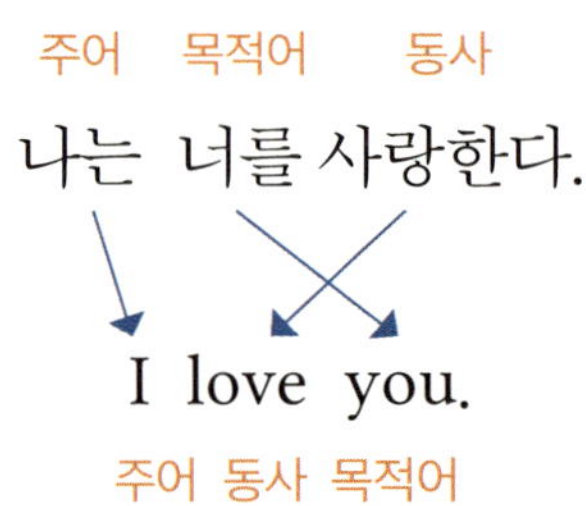

우리말은 동사(~다)가 마지막에 나오지만, 영어는 **주어 뒤에 동사가 나온다**는 것을 기억하세요.

About Me

나에 대해서

이 챕터를 함께 공부하면...

- 인사말 하기
- 나의 이름 소개하기
- 좋아하는 음식 말하기
- 나이 묻고 답하기

등을 익혀 '나를 소개하는 글'을 쓸 수 있어요!

Hello.
인사말 하기

Step 1 Key Expression

Hello.

[안녕.]

안녕하세요.

누군가를 만나 인사할 때 우리는 "안녕.", "안녕하세요."라고 하죠. 이 표현이 영어로는 Hello.예요. Hi.도 인사할 때 많이 쓰는 표현이에요. Hello!, Hi!처럼 마침표 대신 느낌표를 쓰기도 해요.

 **Hello.**와 **Hi.** 모두 기본적인 의미는 같지만, **Hi.**가 **Hello.**보다 조금 더 친근한 표현으로 친한 사이에서 더 자주 쓰여요. 좀 더 격식을 차려야 하는 관계에서는 **Hello.**를, 편한 상대방에게는 **Hi.**를 쓰면 더욱 자연스럽답니다. **Hey.**라는 표현도 있는데, 이것은 **Hello.**나 **Hi.**보다 훨씬 친근한 표현이라 주로 친한 친구들끼리 자주 써요.

Step 2   Learn More

Good morning.

[좋은 / 아침.]

좋은 아침이에요. / 안녕하세요.

Good morning.은 단어 그대로 해석하면 "좋은 아침이에요." 라는 뜻이지만 아침에 하는 "안녕하세요."라는 의미의 인사말이 에요.

➡ Good **afternoon.** 오후 안녕하세요.
Good **evening.** 저녁 안녕하세요.
Good **night.** 밤 잘 자.

 인사말을 아침, 점심, 저녁 시간대에 맞게 하기도 해요. 이는 위의 **Step 1**에서 공부한 인사말(**Hello.**, **Hi.**)보다 더욱 예의를 갖춘 표현 이랍니다. 다만 **Good morning.** / **Good afternoon.** / **Good evening.**은 만났을 때 하는 인사말이지만, **Good night.**는 헤어질 때 나 잠자리에 들 때 하는 인사말이에요.

WORDS  hello 안녕   hi 안녕   good 좋은   morning 아침   afternoon 오후   evening 저녁   night 밤

앞에서 공부한 표현을 여러 번 써 보고, 듣고 따라 말해 보세요. 마지막에는 여러분이 조금 더 연습하고 싶은 문장을 쓰고 말해 보세요.

1   Hello.

    Hi.

2   Good morning.

3   Good afternoon.

4   Good evening.

5   Good night.

6

대화의 빈칸에 알맞은 표현을 써 보세요. 들으며 답을 확인하고, 따라 말해 보세요.

Hi   ! (안녕!) I am Yujin.

          ! (안녕!) I am Namjun.

I'm Juwon.
나의 이름 소개하기

공부한 날짜

월   일

Step 1 Key Expression

I'm Juwon.

[나는 ~이다 / 주원.]

나는 주원이에요.

자신을 소개할 때 "나는 주원이야.", "저는 주원이에요."처럼 이름을 넣어 말하죠. 영어도 마찬가지예요. I'm Juwon.처럼 I'm 뒤에 이름을 넣어서 자신을 소개하죠.

I'm Amy. 나는 Amy야.
I'm Sihyun. 저는 시현이에요.

I'm은 **I am**을 줄인 말이랍니다. **I'm**을 쓸 때, **I**의 오른쪽 위에 문장부호 쉼표(,)와 같은 모양의 점인 아포스트로피(**apostrophe**)를 찍은 후 **m**을 적어요. **am**의 **a**가 생략된 것을 표시하기 위해 아포스트로피(')가 사용되었어요. 즉, **I'm Juwon.**은 **I am Juwon.**이라는 말이죠.

Step 2 Learn More

My name is James.

[나의 / 이름은 / ~이다 / James.]

나의 이름은 James예요.

"나의 이름은 ○○이야."라고 말하고 싶을 때 My name is ○○.이라고 해요. I'm 뒤에 이름을 넣듯, My name is 뒤에 이름을 넣어 말하죠.

My name is Rose. 나의 이름은 Rose야.
My name is Jack. 내 이름은 Jack이야.

직접 만나서 자기소개를 할 때는 [**I'm** + 이름.]이나 [**My name is** + 이름.] 두 표현 모두 자연스러워요. 하지만 사람들에게 공식적으로 자기소개를 하거나 이메일을 보내는 상황에서 자신을 소개할 때는 [**My name is** + 이름.]을 주로 사용해요.

WORDS   I 나   am, is ~이다(be동사)   my 나의   name 이름

앞에서 공부한 표현을 여러 번 써 보고, 듣고 따라 말해 보세요. 마지막에는 여러분의 이름을 넣어 문장을
완성하고 말해 보세요. (영어 이름, 한글 이름 모두 좋아요.)

1 I'm Juwon.

I am Juwon.

2 I'm Amy.

I am Sihyun.

3 My name is James.

4 My name is Rose.

5 My name is Jack.

6 I am

My name is

Step 4 **Write & Say** 🔊 Day 02_02.mp3

대화의 빈칸에 알맞은 표현을 써 보세요. 들으며 답을 확인하고, 따라 말해 보세요.

Hi.   Daisy. (나는 Daisy야.)

Hello.   is Jay. (나의 이름은 Jay야.)

I like chicken.
좋아하는 음식 말하기

Step 1 | Key Expression

I like chicken.

[나는 / 좋아하다 / 치킨을.]

나는 치킨을 좋아해요.

음식, 색, 사람, 책, 게임, 장소, 물건 등 좋아하는 것을 표현할 때는 I like □.라고 말해요. □에 좋아하는 것을 넣어 표현하면 돼요. 오늘은 '음식'을 주제로 이야기해 볼게요.

I like pizza. 나는 피자를 좋아해요.
I like salad. 나는 샐러드를 좋아해요.
I like cheese. 나는 치즈를 좋아해요.

 치킨을 엄청 좋아하는 경우에는 문장 뒤에 **a lot**을 붙여 **I like chicken a lot.** 또는 간단하게 **I love chicken.**이라고 말해요. 말 그대로 좋아하다 못해 사랑한다는 거죠.

Step 2 | Learn More

I don't like salad.

[나는 / ~않다 / 좋아하다 / 샐러드를.]

나는 샐러드를 좋아하지 않아요.

좋아하지 않는다고 말하고 싶을 때는 like(좋아하다) 앞에 그 반대, 부정을 나타내는 don't를 붙여 말해요.

I don't like pizza. 나는 피자를 좋아하지 않아요.
I don't like chicken. 나는 치킨을 좋아하지 않아요.
I don't like cheese. 나는 치즈를 좋아하지 않아요.

 **don't**는 do not의 줄임말이에요. **do**는 '~하다', **not**은 '~ 아니다'라는 뜻을 가지고 있으니 **do not**은 '~하지 않는다'는 뜻이죠. **do not**을 붙이고[donot] not의 o를 뺀 후[dont], 그 자리에 아포스트로피(')를 써서 **don't**가 된 거예요. **don't**를 like 앞에 놓으면 '좋아하지 않다'라는 의미가 된답니다.

WORDS like 좋아하다 chicken 닭고기, 닭 pizza 피자 salad 샐러드 cheese 치즈 a lot 많이 love 사랑하다 not ~아니다 do not(= don't) ~않다

앞에서 공부한 표현을 여러 번 써 보고, 듣고 따라 말해 보세요. 마지막에는 여러분이 좋아하는 음식과 좋아하지 않는 음식을 넣어 문장을 완성하고 말해 보세요. (음식 이름은 영어, 한글 모두 좋아요.)

1 I like chicken.

  I like pizza.

2 I like salad.

  I like cheese.

3 I don't like salad.

4 I don't like pizza.

5 I don't like chicken.

  I don't like cheese.

6 I like

  I don't like

Step 4 Write & Say  Day 03_02.mp3

대화의 빈칸에 알맞은 표현을 써 보세요. 들으며 답을 확인하고, 따라 말해 보세요.

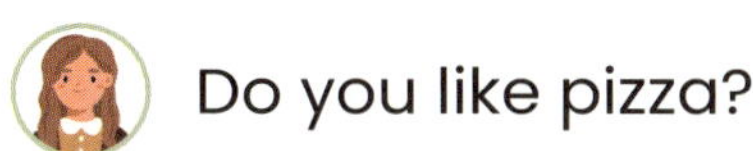 Do you like pizza?

 No, I don't. I ________________. (나는 닭고기를 좋아해.)

How old are you?
나이 묻고 답하기

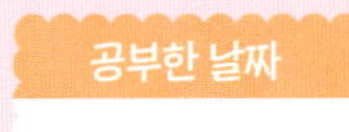

Step 1 **Key Expression**

How old are you?

⬇

[얼마나 / 나이 든 / ~이니 / 당신은?]

⬇

당신은 몇 살이에요?

나이를 물어볼 때 How old are you?라고 해요. how는 old와 만나서 '몇 살'이라는 의미로 쓰여요. "너는 얼마나 나이가 들었니?", 즉 "몇 살이니?"가 되는 거죠.

 서양에서는 꼭 필요한 경우가 아니라면 나이를 묻지 않아요. 아주 개인적인 질문이라서 상대방이 불편감을 느낄 수 있기 때문이에요. 특히 어른에게는 말이죠. 꼭 필요할 때는 정중하게 질문하는 것이 바람직하답니다.

Step 2 **Learn More**

I'm 9 years old.

⬇

[나는 ~이다 / 아홉 / 년, 해 / 나이 든.]

⬇

나는 아홉 살이에요.

"나는 ~살이야.", "나는 ~살이에요."라고 나이를 말할 때 I'm ☐ years old.라고 해요. 이때 ☐에 나이를 나타내는 숫자를 넣어요.

➡ I'm **10** years old. 나는 10살이야.
I'm **11** years old. 저는 11살이에요.

 **year**는 '년(연), 해'라는 뜻인데 여기에 **-s**를 붙여 '여러 해'라는 뜻을 담았어요. '아홉 살'은 9년이라는 여러 해를 말하니까 **9 years**가 된 거예요. 만약 한 살이라면? **I'm 1 year old.**라고 말할 거예요. 한 살은 여러 해가 아니라 일 년만 지난 거니까요.

TIPS 서양에서는 태어난 순간 0살이 돼요. 매년 생일이 지나야만 한 살을 더하지요. 우리나라도 2023년부터 이와 같은 만 나이를 사용하고 있어요.

 **WORDS**   how 얼마나   old 나이 든, 늙은   how old 몇 살   are ~이다(be동사)   you 너, 당신   year 해, 년(연)
nine 9, 아홉   ten 10, 열   eleven 11, 열 하나   one 1, 하나   eight 8, 여덟

앞에서 공부한 표현을 여러 번 써 보고, 듣고 따라 말해 보세요. 마지막에는 여러분의 나이를 넣어 문장을
완성하고 말해 보세요.

1   How old are you?

2   I'm eight years old.

3   I'm nine years old.

4   I'm ten years old.

5   I'm eleven years old.

6   I'm

Step 4   Write & Say   Day 04_02.mp3

대화의 빈칸에 알맞은 표현을 써 보세요. 들으며 답을 확인하고, 따라 말해 보세요.

I'm nine years old.   are you? (너는 몇 살이니?)

I'm   . (나는 10살이야.)

DAY 01~04

다음 그림을 보고, 스펠링(철자) 순서를 바로잡아 올바른 단어를 써 보세요.

1 아침

gminnor

morning

2 좋은

oogd

3 안녕

llohe

4 이름

neam

5 좋아하다

klie

6 닭고기

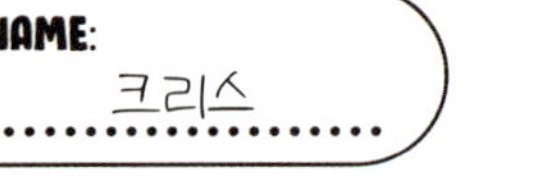

chikenc

7 샐러드

asald

8 피자

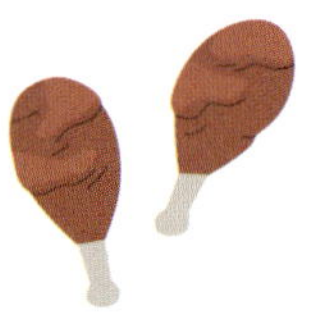

zzapi

9 밤

ightn

10 9(아홉, 구)

nien

11 해, 년

yare

12 나이 든, 늙은

dol

DAY 01~04

A 우리말 뜻을 보고, 빈칸에 알맞은 영어를 <보기>에서 골라 써 보세요.

보기

morning　Good　afternoon　night
I'm　like　don't　name　years old　Hello

	우리말 뜻	영어 표현
1	안녕!	_________________!
2	안녕하세요. (아침 인사)	Good _________________.
3	안녕하세요. (오후 인사)	Good _________________.
4	안녕하세요. (저녁 인사)	_________ evening.
5	안녕히 주무세요. (밤 인사)	Good _________________.
6	나는 민수(Minsu)야.	_________ Minsu.
7	내 이름은 지민(Jimin)이야.	My _________ is Jimin.
8	나는 피자를 좋아해.	I _________ pizza.
9	나는 샐러드를 좋아하지 않아.	I _________ like salad.
10	나는 10살이야.	I'm ten _________ _________.

B 다음 대화를 들으며 빈칸에 알맞은 단어를 넣어 대화를 완성해 보세요.　🔊 **Day 01~04_Sentence Review**.mp3

Hello! _________________ Yujin. (나는 유진이야.)

_________________ (안녕!) My name is Namjun.

I'm nine _________ _________________. (나는 9살이야.)

I'm 10 years old.

Do you like chicken?

_________, I don't. (아니, 그렇지 않아.) I like _________________. (나는 피자를 좋아해.)

나를 소개하는 글 쓰기

Model Writing

예시글을 소리 내어 읽으며 어떤 내용인지 살펴보아요.

Hello!

My name is Sujin.

I'm 9 years old.

I like bulgogi.

I don't like cheese.

Write Your Story

위의 예시글을 참고하여 '나를 소개하는 글'을 영어로 쓰고, 자신의 모습을 그리거나 사진을 붙여 보세요.

My name is ________________.

I'm ________________ years old.

I like ________________.

I don't like ________________.

My Pencil Case

나의 필통

이 챕터를 함께 공부하면...

- 무엇인지 묻고 답하기
- 물건을 가지고 있는지 묻고 답하기
- 물건의 색 묻고 답하기
- 주의를 끄는 말 하기

등을 익혀 '나의 필통을 소개하는 글'을 쓸 수 있어요!

DAY 05

What's this?
무엇인지 묻고 답하기

What's this?
[무엇 ~이니 / 이것은?]
이건 뭐예요?

What's that?
[무엇 ~이니 / 저것은?]
저건 뭐예요?

주변의 사물을 보고 무엇인지 궁금할 때는 what을 사용해 물어봐요. 가까운 물건은 this를 넣어서, 조금 멀리 떨어져 있는 물건은 that을 넣어서 질문해요.

this나 that을 활용하여 무엇인지 묻는 질문에는 보통 it을 사용하여 대답해요.

What's this? 이거 뭐예요?
⇨ It's a bag. 가방이에요.

What's that? 저거 뭐예요?
⇨ It's a cap. 모자예요.

What's는 What is, It's는 It is의 줄임말이라는 점도 기억해요.

This is a ball.
[이것은 / ~이다 / 하나의 / 공.]
이것은 공이에요.

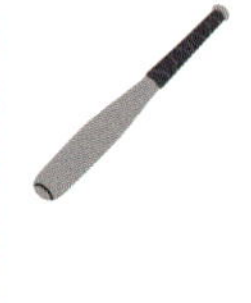

That is a bat.
[저것은 / ~이다 / 하나의 / 방망이.]
저것은 방망이예요.

가까운 곳에 있는 물건을 말할 때는 This is ~.(이것은 ~이에요.)를 쓰고, 조금 멀리 있는 물건을 가리킬 때는 That is ~.(저것은 ~이에요.)를 사용해요.

➡ **This is** a desk. 이것은 책상이지.
That is a clock. 저것은 시계야.

물건 앞에 a는 왜 써야 하는 걸까요? 물건의 이름을 나타내는 말을 '명사'라고 하는데, 명사 중에는 '가방, 모자, 공, 방망이'처럼 모양이 있어서 개수를 셀 수 있는 것이 있어요. 그것을 '셀 수 있는 명사라고 하죠. '하나이면서, 동시에 앞에서 언급한 것이 아닌 것'을 나타내는 의미로 이 명사 앞에 a를 붙여요. '하나'를 강조하지 않아도 되니 해석할 때는 '하나의 공'으로 해석하지 않고 그냥 '공'으로 해석해요.

WORDS   what 무엇   this 이것   that 저것   it 그것   a 하나의   bag 가방   cap 모자   ball 공   bat 방망이
desk 책상   clock 시계

앞에서 공부한 표현을 여러 번 써 보고, 듣고 따라 말해 보세요. 마지막에는 여러분의 물건을 넣어 문장을 완성하고 말해 보세요.

1   What's this?

What is this?

2   What's that?

What is that?

3   It's a bag.

It's a cap.

4   This is a ball.

This is a desk.

5   That is a bat.

That is a clock.

6   This is

That is

Step 4   Write & Say   Day 05_02.mp3

대화의 빈칸에 알맞은 표현을 써 보세요. 들으며 답을 확인하고, 따라 말해 보세요.

This is a bag. ____________________ ? (저것은 뭐야?)

It's a ____________ . (그건 공이야.)

DAY 06

Do you have a pencil?
물건을 가지고 있는지 묻고 답하기

Step 1 Key Expression

Do you have a pencil?

↓

[− / 너는 / 가지고 있니 / 하나의 / 연필을?]

↓

너 연필 있어?

어떤 물건을 가지고 있는지 물어볼 때 Do you have a/an □?라고 해요. □에 물건을 넣어 표현하면 돼요.

➡ Do you have a **notebook**? 너 공책 있어?
Do you have an **eraser**? 너 지우개 있니?

 like, **have**와 같은 **be**동사 외의 동사를 '일반동사'라고 해요. 일반동사가 있는 문장을 질문하는 것으로 바꿀 때는 **Do**로 시작해요. 여기서의 **Do**는 '질문하는 문장'을 만들기 위해 썼을 뿐 별다른 뜻이 없어요. 대답할 때도 **do**를 사용해요.

긍정	Yes, I do. [응 / 나는 / 그래.]	부정	No, I don't. [아니 / 나는 / 그렇지 않아.]

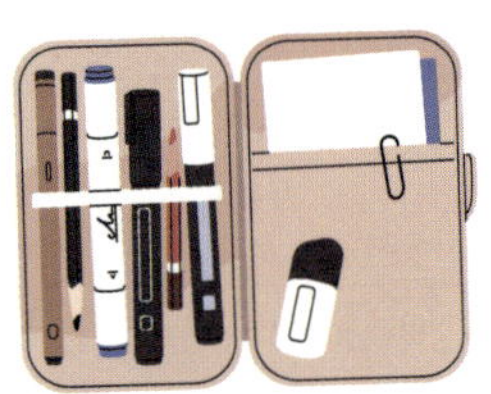
Step 2 Learn More

I have a pencil case.

↓

[나는 / 가지고 있다 / 하나의 / 필통을.]

↓

나는 필통이 있어.

내가 가지고 있는 것을 말할 때는 I have a/an □.라고 말해요. □에 물건의 이름을 넣죠. 반대로 '가지고 있지 않다'고 말할 때는 have 앞에 don't를 붙여 표현해요.

➡ I have a **ruler**. 나는 자를 가지고 있어.
I don't have a **ruler**. 나는 자를 가지고 있지 않아.
I have an **umbrella**. 저는 우산이 있어요.
I don't have an **umbrella**. 저는 우산이 없어요.

 '셀 수 있는 명사' 앞에 쓰는 a와 an은 둘 다 '하나'를 나타내는데, **a**는 자음으로 시작하는 단어 앞에 붙여요. **a pencil, a ruler, a notebook**처럼요. **an**은 모음(a, e, i, o, u)으로 시작하는 단어 앞에 붙이죠. **an eraser, an umbrella**처럼요.

WORDS have 가지고 있다   a/an 하나의   pencil 연필   notebook 공책   eraser 지우개   yes 네, 응, 그래   no 아니(오)
pencil case 필통   ruler 자   umbrella 우산

앞에서 공부한 표현을 여러 번 써 보고, 듣고 따라 말해 보세요.

1　Do you have a pencil?

2　Yes, I do. I have a pencil.

3　Do you have an eraser?

4　No, I don't. I don't have an eraser.

5　I have a pencil case.

6　I don't have an umbrella.

대화의 빈칸에 알맞은 표현을 써 보세요. 들으며 답을 확인하고, 따라 말해 보세요.

 Do you have a notebook?

 No, I don't. I don't ＿＿＿＿ ＿＿＿＿ ＿＿＿＿. (나는 공책을 가지고 있지 않아.)

What color is it?
물건의 색 묻고 답하기

Step 1 Key Expression

What color is it?

[무슨 / 색 / ~이니 / 그것은?]

그건 무슨 색이에요?

다른 사람에게 물건의 색을 물어보고 싶을 때 What color is it?이라는 표현을 써요. it 대신 this 또는 that을 넣어 가깝거나 조금 먼 곳의 물건을 가리키며 물어볼 수도 있어요.

What color is this? 이건 무슨 색이니?
What color is that? 저건 무슨 색이야?

 **What color is it[this/that]?**에 대한 대답은 모두 [**It's** + ~색.]이라고 해요.

Step 2 Learn More

It's yellow.

[그것은 ~이다 / 노란색.]

그건 노란색이에요.

물건의 색을 말할 때 It's □.라고 해요. □에 색을 나타내는 단어를 넣어 말하죠.

It's red. 그것은 빨간색이야.
It's orange. 그것은 주황색이야.
It's green. 그건 초록색이야.
It's blue. 그건 파란색이지.
It's white. 그건 하얀색이야.

 색은 느낌에 따라 다양한 말로 표현할 수 있어요. 예를 들어 파란색 계열의 색은 '하늘색, 짙은 파란색, 청색, 남색, 청록색, 감청색, 비취색' 등으로 다양해요. 영어도 마찬가지예요. **blue**는 색의 느낌에 따라 **light blue, sky blue, deep blue, navy, royal blue, cobalt blue** 등 다양하게 표현되기도 해요.

WORDS　color 빛깔, 색　yellow 노란색　red 빨간색　orange 주황색　green 초록색　blue 파란색　white 하얀색

앞에서 공부한 표현을 여러 번 써 보고, 듣고 따라 말해 보세요.

1 What color is it?

2 What color is this?

3 What color is that?

4 It's yellow.

   It's red.

5 It's orange.

   It's green.

6 It's blue.

   It's white.

대화의 빈칸에 알맞은 표현을 써 보세요. 들으며 답을 확인하고, 따라 말해 보세요.

What ________ is it? (그건 무슨 색이니?)

It's ________. (그건 하얀색이야.)

Look at this flower!
주의를 끄는 말 하기

Look at this flower!

⬇

[~을 보다 / 이 / 꽃!]

⬇

이 꽃 좀 봐!

좋은 것, 예쁜 것을 보면 서로 나누고 싶어지죠. 함께 공원 산책을 하다가 예쁜 것을 발견했을 때 "이 꽃 좀 봐!", "저 새 좀 봐!". "하늘 좀 봐."라고 하죠. '~ 좀 봐!'라고 말하고 싶다면 Look at □!라고 표현해 보세요.

Look at this tree! 이 나무 좀 봐!
Look at that bird! 저 새 좀 봐!
Look at the sky! 하늘 좀 봐!

 **this**는 '이것'이라는 의미로 공부했었어요. 하지만 **this** 뒤에 **flower**가 오면 '이 꽃'이 되고, **this tree**는 '이 나무'예요. 같은 형태로 **that** 뒤에 **bird**가 오면 '저 새'가 돼요. 즉, **this**나 **that** 뒤에 명사가 오면 '이', '저'로 해석한답니다. 그렇다면 **sky** 앞에는 왜 **the**를 썼을까요? 해, 달, 하늘과 같이 세상에 단 하나뿐인 것 앞에는 **the**를 붙이기 때문이에요. 이때 **the**는 해석하지 않아요.

It's pretty.

⬇

[그것은 ~이다 / 예쁜.]

⬇

예쁘네.

누군가 나에게 "이 꽃 좀 봐!"라고 하면 "아름답네."처럼 감상을 담아 답할 수 있어요. It's □.라는 표현으로 □에 감상을 나타내는 단어를 넣어 대화를 이어갈 수 있죠.

It's beautiful. 아름답네.
It's cute. 그거 귀엽다.
It's amazing. 그거 놀랍네./대단하다.

 **TIPS** 위에서 언급된 표현에 감정을 넣어 좀 더 실감나게 표현하기 위해 문장 앞에 **Wow**(우와), **Oh**(오) 등의 감탄하는 말을 넣기도 해요. **Wow, it's beautiful!**처럼요. 여기에 더해서 **It's** 뒤에 **so**를 넣으면 '정말로, 너무나, 대단히, 참' 등의 의미를 더하여 감정을 더 강조할 수 있어요. **Wow, it's so cute. Oh, it's so amazing.** 이렇게요. 감정을 강조하고 싶을 땐 문장부호도 마침표(.) 대신 느낌표(!)를 쓸 수 있어요.

WORDS look at ~을 보다   flower 꽃   tree 나무   bird 새   the 그   sky 하늘   pretty 예쁜   beautiful 아름다운
cute 귀여운   amazing 놀라운, 대단한   wow 우와   oh 오   so 정말로, 너무나, 대단히

앞에서 공부한 표현을 여러 번 써 보고, 듣고 따라 말해 보세요.

1 Look at this flower!

2 Look at this tree!

3 Look at that bird!

4 Look at the sky!

5 It's pretty.

It's beautiful.

6 It's so cute.

Wow, it's amazing.

Step 4 Write & Say   Day 08_02.mp3

대화의 빈칸에 알맞은 표현을 써 보세요. 들으며 답을 확인하고, 따라 말해 보세요.

Look at ________ ________! (이 꽃 좀 봐!)

Wow, it's ________. (와, 아름답다.)

DAY 05~08

다음 그림과 어울리는 단어를 찾아 선으로 연결하고, 노트선에 맞춰 써 보세요.

#		
1		desk
2		bat
3		eraser
4		notebook
5		umbrella
6		white
7		orange
8		flower
9		sky
10		pretty

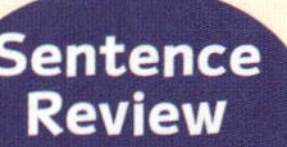

DAY 05~08

A 우리말 뜻을 보고, 빈칸에 알맞은 영어를 <보기>에서 골라 써 보세요.

> **보기**
>
> beautiful   amazing   bag   this   Look
> green   yellow   don't have   pencil   ball

	우리말 뜻	영어 표현
1	이것은 무엇이니?	What's ______________?
2	그것은 가방이야.	It's a ______________.
3	저것은 공이야.	That's a ______________.
4	나는 연필을 가지고 있어.	I have a ______________.
5	나는 공책을 가지고 있지 않아.	I ______________ ______________ a notebook.
6	그것은 노란색이야.	It's ______________.
7	그건 초록색이야.	It's ______________.
8	이 꽃 좀 봐!	______________ at this flower!
9	아름답다.	That's ______________.
10	와, 놀랍다!	Wow, it's ______________!

B 다음 대화를 들으며 빈칸에 알맞은 단어를 넣어 대화를 완성해 보세요. 🎧 **Day 05~08_Sentence Review**.mp3

Look at ______________ ______________! (이 지우개 좀 봐!)

Wow, it's pretty. What is that?

It's a ______________. (그것은 연필이야.) Do you have a pencil?

Yes, I do. I ______________ ______________ ______________. (나는 연필을 가지고 있어.)

What color is it?

It's ______________. (초록색이야.)

나의 필통을 소개하는 글 쓰기

예시글을 소리 내어 읽으며 어떤 내용인지 살펴보아요.

<My Pencil Case>

Look at this!
This is my pencil case.
It's green.

(필통을 열어 보여 주며)

I have two pencils and one eraser.
I don't have a ruler.

위의 예시글을 참고하여 '나의 필통을 소개하는 글'을 영어로 써 보세요.

<My Pencil Case>

Look ________________!
This is my pencil case.
It's ________________.

(필통을 열어 보여 주며)

I have ________________.
I don't have ________________.

My Pet
나의 반려동물

이 챕터를 함께 공부하면...

- 반려동물 소개하기
- 반려동물의 특징 말하기
- 반려동물의 이름 말하기
- 반가움 표현하기 / 헤어질 때 인사하기

등을 익혀 '반려동물을 소개하는 4컷 만화'를 만들 수 있어요!

This is my pet.
반려동물 소개하기

Step 1 **Key Expression**

This is my pet.

⬇

[이것은 / ~이다 / 나의 / 반려동물.]

⬇

이것은 나의 반려동물이야.

반려동물을 친구에게 소개할 때는 This is my □.라고
말할 수 있어요. □에 동물의 종류를 넣어서 말해요.

➡ **This is my puppy.** 이건 나의 강아지야.
This is my cat. 이건 나의 고양이란다.
This is my hamster. 이것은 저의 햄스터예요.

 a나 an이 들어갔던 자리에 이번에는 **my**가 있네요. **my**는 '나의'라는 뜻으로 나에게 속해 있는 것을 말하고 싶을 때 써요. 예를 들면
my pencil(나의 연필), **my eraser**(나의 지우개)처럼요. 반대로 너에게 속해 있는 것을 말하고 싶을 땐 '너의'라는 뜻의 **your**를 쓰죠.

Step 2 **Learn More**

Is this your cat?

⬇

[~이니 / 이것이 / 너의 / 고양이?]

⬇

이게 너의 고양이니?

"이거 너의 것이니?"와 같이 가까이 있는 것이 상대방
의 것인지 물을 때는 Is this your □?라는 표현을 써요.

➡ **Is this your hamster?** 이것이 너의 햄스터니?
Is this your pet? 이게 너의 반려동물이야?
Is this your puppy? 이게 당신의 강아지입니까?

 **am**, **is**와 같은 be동사로 시작하는 질문의 답은 **Yes** 또는 **No**로 해요. **this**로 물어볼 땐 **it**으로 대답한다는 건 알고 있지요!

긍정	Yes, it is. [응 / 그것은 / ~이다.] 응, 그건 내 것이야.	부정	No, it isn't. [아니 / 그것은 / ~ 아니다.] 아니, 그건 내 것이 아니야.

Yes, it is my cat. / **No, it isn't my cat.**이라고 대답하는 것이 가장 정확하지만, 반복되는 내용(**my cat**)을 빼고 앞 부분만으로 간략
하게 대답한 거예요. **No, it isn't.**의 **isn't**는 **is**와 **not**의 줄임말이에요.

 **WORDS**   **pet** 반려동물   **puppy** 강아지   **cat** 고양이   **hamster** 햄스터

앞에서 공부한 표현을 여러 번 써 보고, 듣고 따라 말해 보세요. 마지막에는 여러분이 키우고 있는 반려동물이나 키우고 싶은 동물을 넣어 문장을 완성하고 말해 보세요.

1 This is my pet.

2 This is my puppy.

3 This is my hamster.

4 Is this your cat?

   Yes, it is.

5 Is this your puppy?

   No, it isn't.

6 This is my

Step 4   Write & Say    Day 09_02.mp3

대화의 빈칸에 알맞은 표현을 써 보세요. 들으며 답을 확인하고, 따라 말해 보세요.

This is ______ ______. (이것은 나의 강아지야.)

Is this ______ ______? (이건 네 햄스터니?)

Yes, it is. It's ______ ______. (그건 내 햄스터야.)

It's cute.
반려동물의 특징 말하기

It's cute.

[그것은 ~이다 / 귀여운.]

그것은 귀여워.

무언가를 소개할 때 보통 그 특징을 넣어서 설명해요. 특징은 밖으로 보이는 모습이나 성격, 색 등 다양하지요. It's cute.의 cute 자리에 특징을 나타내는 여러 단어를 넣을 수 있어요. 특징을 나타내는 단어 앞에 so 등을 넣거나 문장 맨 앞에 Wow를 넣어 좀 더 실감나게 말할 수도 있지요.

It's **fat**. 뚱뚱해.
It's so **small**. 엄청 작네.
It's so **fast**. 정말 빠르다.
Wow, it's **big**. 와, 크다!

TIPS 두 가지 특징을 한 문장에 담으려면 **and**를 활용하면 돼요. **and**는 '그리고', '~와/과', '~하고' 등으로 해석되는 이어주는 말이에요.
It's small **and** cute. 그건 작고 귀여워. / It's big **and** fast. 그건 크고 빨라.
이렇게 하면 반복되는 부분을 줄여서 간결하게 표현할 수 있고, 좀 더 자연스럽게 전달할 수 있어요.

My dog is big.

[나의 / 개는 / 이다 / 큰]

나의 개는 커.

'그것' 대신 '나의 개'처럼 직접적인 대상을 문장의 주인으로 넣어 말할 수 있어요. My dog is big. 처럼 말이죠.

My **cat** is slow. 나의 고양이는 느려.
My **puppy** is cute. 나의 강아지는 귀여워.
My **hamster** is small and fast. 나의 햄스터는 작고 빨라.

TIPS 이어주는 말 중에 and와 반대의 뜻으로 **but**이 있어요. and가 '~와, ~하고'라는 뜻이라면, but는 '~지만'이라는 뜻이에요. My hamster is small **but** fast.라고 하면 "나의 햄스터는 작지만 빨라."가 돼요. 이어주는 말이 바뀌었을 뿐이지만 문장이 주는 느낌은 확 달라지죠.

WORDS   fat 뚱뚱한   big 큰   small 작은   fast 빠른   and ~와/과, ~하고, 그리고   dog 개   slow 느린
but 그러나, 하지만, ~지만

앞에서 공부한 표현을 여러 번 써 보고, 듣고 따라 말해 보세요.

1   It's cute.

It's fat.

2   It's so small.

It's so fast.

3   Wow, it's big.

It's small and cute.

4   My dog is big.

My cat is slow.

5   My puppy is cute.

My hamster is small and fast.

6   My hamster is small but fast.

Step 4   **Write & Say**   Day **10_02**.mp3

대화의 빈칸에 알맞은 표현을 써 보세요. 들으며 답을 확인하고, 따라 말해 보세요.

My dog is ________ and ________ . (나의 개는 크고 느려.)

My cat is ________ but ________ . (나의 고양이는 크지만 귀여워.)

Its name is Coco.
반려동물의 이름 말하기

Step 1 Key Expression

Its name is Coco.

[그것의 / 이름은 / ~이다 / Coco.]

그것의 이름은 Coco야.

'나의' 이름을 소개할 때 [My name is + 이름.]을 썼던 것처럼 반려동물의 이름을 소개할 때는 [Its name is + 이름.]을 써요.

Its name is **Molly**. 그것의 이름은 Molly야.
Its name is **Benji**. 걔의 이름은 Benji야.

 반려동물의 이름을 소개할 때, **This is my puppy, Coco.**처럼 중간에 쉼표(,)를 찍어서 반려동물이라는 점과 함께 이름까지 한 문장으로 소개할 수도 있어요. "이건 나의 강아지인 **Coco**야."라고 해석하지요. **This is my cat, Bella.** "얘는 나의 고양이인 **Bella**란다." 이렇게요. 이런 형식은 동물 뿐만 아니라 친구나 가족 등 사람을 소개할 때도 활용할 수 있어요. **This is my brother, Jason.**처럼요.

Step 2 Learn More

Her name is Lucy.

[그녀의 / 이름은 / ~이다 / Lucy.]

그녀의 이름은 Lucy야.

반려동물의 성별을 넣어서 이야기하기도 해요. Its name을 '그녀의 이름'을 뜻하는 Her name 또는 '그의 이름'인 His name으로 바꾸어 넣으면 돼요.

Her name is **Molly**. 그녀의 이름은 Molly야.
His name is **Benji**. 그의 이름은 Benji야.

 '나의'를 뜻하는 **my**, '너의'를 뜻하는 **your**와 같이 오늘 공부한 문장 속에도 '~의'로 해석되는 낱말들이 있어요. 바로 **its**와 **her**, **his**이지요. 이렇게 '(누구)의'라는 뜻을 갖는 것을 '소유격'이라고 해요. '누가'를 나타내는 '주격'과 짝을 이뤄요.

주격 (누가)	보통 문장 처음에 와요 예) I like pizza.	I 나는	you 너(희)는	it 그것은	she 그녀는	he 그는
소유격 (누구의)	보통 명사 앞에 와요 예) This is my puppy. Her name is Lucy.	my 나의	your 너(희)의	its 그것의	her 그녀의	his 그의

WORDS   its 그것의   her 그녀의   his 그의

앞에서 공부한 표현을 여러 번 써 보고, 듣고 따라 말해 보세요.

1   Its name is Coco.

2   Its name is Molly.

3   Her name is Lucy.

4   Her name is Bella.

5   His name is Benji.

6   His name is Jason.

Step 4 Write & Say   Day **11_02**.mp3

대화의 빈칸에 알맞은 표현을 써 보세요. 들으며 답을 확인하고, 따라 말해 보세요.

This is my pet.  is Coco. (그것의 이름은 Coco야.)

Oh, it's so cute.

Nice to meet you.
반가움 표현하기 / 헤어질 때 인사하기

공부한 날짜

월   일

Step 1 Key Expression

Nice to meet you.

↓

[(기분이) 좋은 / ~해서 / 만나다 / 너를.]

↓

너를 만나서 기분이 좋아. / 만나서 반가워.

누군가를 만나서 기분이 좋을 때 흔히 Nice to meet you. 라고 말해요. 만나서 반갑다는 말이지요. Nice 대신 glad를, meet 대신 see를 넣어 비슷한 표현을 만들 수도 있어요.

Nice to see you. 만나서 반가워.
Glad to meet you. 널 만나서 기뻐.
Glad to see you. 당신을 만나서 좋습니다.

TIPS **Nice to meet you.**는 처음 만난 사이에서 주로 사용해요. 전에는 몰랐던 사람인데 만나보니 반갑다는 의미를 담고 있죠. 이 표현에 **again**을 더하여 **Nice to meet you again.**이라고 하거나 **Nice to see you.**라고 하면 전에 만난 적이 있는 사이에서 반가움을 표현할 수 있어요. 상대방의 말에 "나도 만나서 반가워."라고 할 때는 **too**(~도 (또한))를 문장 끝에 붙여서 **Nice to meet you, too.**라고 해요.

Step 2 Learn More

See you tomorrow.

↓

[보다 / 너를 / 내일.]

↓

내일 봐.

친구와 헤어질 때 보통 어떤 인사말을 주고받나요? "내일 만나.", "다음에 만나.", "안녕." 등이 흔한 표현일 거예요.

See you next time. 다음에 보자.
Goodbye. 안녕.

TIPS 위의 표현들을 줄여서 말할 수 있어요. **See you**가 들어가는 표현은 줄여서 **See you!**라고 하기도 하지요. "또 봐!" 정도의 의미로 이해하면 좋아요. **Goodbye.**는 **Bye.**로 줄여서 말하기도 해요. 줄인 표현은 보통 친한 친구들 사이에서 많이 써요.

WORDS nice 좋은, 멋진   to ~해서, ~로   meet 만나다   see 보다   glad 기쁜, 반가운   again 한 번 더, 다시
too ~도 (또한)   tomorrow 내일   next 다음의   time 시간   goodbye 안녕, 작별인사   bye 안녕

앞에서 공부한 표현을 여러 번 써 보고, 듣고 따라 말해 보세요.

1　Nice to meet you.

　　Glad to meet you.

2　Nice to see you.

　　Glad to see you.

3　Nice to meet you again.

　　Nice to meet you, too.

4　See you tomorrow.

5　See you next time.

　　See you!

6　Goodbye.

　　Bye.

대화의 빈칸에 알맞은 표현을 써 보세요. 들으며 답을 확인하고, 따라 말해 보세요.

 Nice to ___________ you. (만나서 반가워.)

 Nice to meet you, too. See you ___________. (내일 봐.)

DAY 09~12

그림을 보고, 단어를 완성할 수 있는 글자를 찾아 연결하고 완성된 단어를 써 보세요.

1. sm • • ppy

2. pu • • all   small

3. cu • • st

4. fa • • ter

5. hams • • te

6. me • • et

7. ni • • rrow

8. tomo • • ce

9. h • • ts

10. i • • er

DAY 09~12

A 우리말 뜻을 보고, 빈칸에 알맞은 영어를 <보기>에서 골라 써 보세요.

보기	name　　This　　small and fast　　my puppy　　big Her　　Its　　meet　　cute　　See you

	우리말 뜻	영어 표현
1	이것은 나의 반려동물이야.	_____________ is my pet.
2	이것은 나의 강아지야.	This is _____________ _____________.
3	그건 엄청 귀여워.	It's so _____________.
4	나의 고양이는 커.	My cat is _____________.
5	나의 햄스터는 작고 빨라.	My hamster is _____________.
6	그것의 이름은 Molly야.	_____________ name is Molly.
7	그녀의 이름은 Lucy야.	_____________ name is Lucy.
8	그의 이름은 Benji야.	His _____________ is Benji.
9	만나서 반가워.	Nice to _____________ you.
10	내일 만나.	_____________ _____________ tomorrow.

B 다음 대화를 들으며 빈칸에 알맞은 단어를 넣어 대화를 완성해 보세요. 🎧 Day **09~12_Sentence Review**.mp3

Hello! This is ____________ **, Bella.** (이것은 나의 고양이, Bella야.)

(고양이를 보며) **Nice to** ____________ **, Bella.** (만나서 반가워, Bella.)

(친구를 보며) **It's so** ____________ **.** (엄청 귀엽다.)

Thank you.

(시계를 보며) **Oh, I'm late. See you** ____________ **.** (다음에 보자.)

Okay. ____________ **.** (안녕.)

반려동물을 소개하는 4컷 만화 만들기

Model Writing 예시글을 소리 내어 읽으며 어떤 내용인지 살펴보아요.

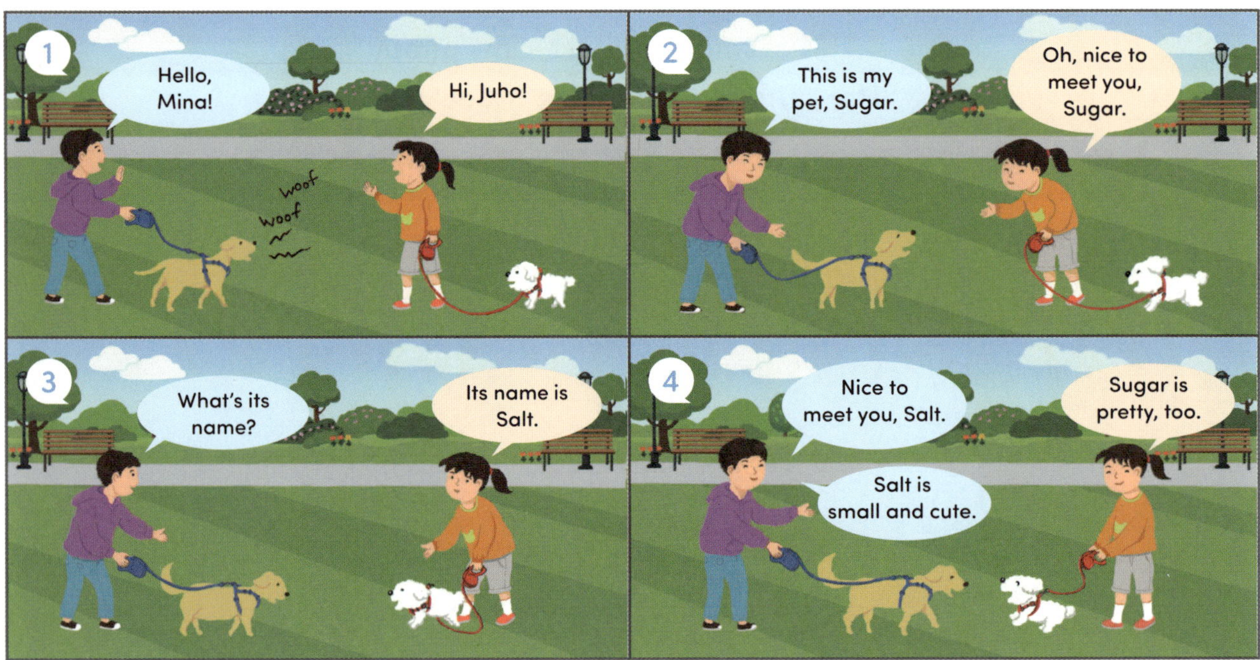

Write Your Story 위의 예시글을 참고하여 '반려동물을 소개하는 4컷 만화'를 영어로 만들어 보세요.

1

2

3

4

My Family
나의 가족

이 챕터를 함께 공부하면...

- 누구인지 묻고 답하기
- 직업 묻고 답하기
- 인물의 성격 · 외모 묘사하기
- 신체적 특징 말하기

등을 익혀 '나의 가족을 소개하는 글'을 쓸 수 있어요!

Who is he?
누구인지 묻고 답하기

Step 1 **Key Expression**

Who is he?

↓

[누구 / ~이니 / 그는?]

↓

이 남자는 누구니?

누구인지 물을 때 '누구'라는 뜻의 who를 써서 Who is □?
라고 해요. 대상이 남성이라면 □ 자리에 he를 넣고, 여성이
라면 she를 넣지요.

Who is she? 그 여자는 누구니?
Who is this? 이 사람은 누구신가요?
Who is that? 저 사람은 누구지?

앞에서 **this**와 **that**은 '이것', '저것'으로 공부했었어요. **Who is this/that?**에서 **this**는 사람을 소개할 때 쓰는 '이 사람, 이 분, 얘' 등의
의미로 쓰여요. **that**은 '저 사람, 저 분, 쟤' 등의 의미이지요.

Step 2 **Learn More**

He is my dad.

↓

[그는 / ~이다 / 나의 / 아빠.]

↓

그는 나의 아빠야.

He is □.와 같은 대답을 할 때 □ 자리에 넣을 수 있는 것은
He is Minsu.처럼 '이름'일 수도 있고, He is my dad.처럼
'나와의 관계'일 수도 있어요. 오늘은 나와의 관계를 넣어
대답하는 표현을 살펴볼게요.

She is my mom. 그녀는 나의 엄마야.
He is my brother. 그는 나의 오빠야.
She is my sister. 그녀는 나의 여동생이야.

아빠는 '아버지'라고도 하죠. 영어에서도 **dad** 또는 **daddy**가 '아빠'라면, **father**는 '아버지'라는 조금 더 정중한 표현이에요. 엄마도 마찬가지죠.
mom, mommy는 편안하게 부르는 '엄마', **mother**는 정중한 느낌의 '어머니'가 돼요. **brother**는 '오빠, 형, 남동생' 등 나이와 상관없이 남자
형제를 말하고, **sister**는 '언니, 누나, 여동생' 등 나이와 상관없이 여자 형제(남매, 자매)를 말해요.

WORDS   who 누구   he 그 (남자)   she 그녀(그 여자)   dad/daddy 아빠   father 아버지   mom/mommy 엄마
mother 어머니   brother 남자 형제   sister 여자 형제

앞에서 공부한 표현을 여러 번 써 보고, 듣고 따라 말해 보세요.

1 Who is he?

Who is she?

2 Who is this?

Who is that?

3 He is my dad.

He is my father.

4 She is my mom.

She is my mother.

5 He is my brother.

6 She is my sister.

Step 4 Write & Say 🎧 Day 13_02.mp3

대화의 빈칸에 알맞은 표현을 써 보세요. 들으며 답을 확인하고, 따라 말해 보세요.

Who is [   ]? (그녀는 누구니?)

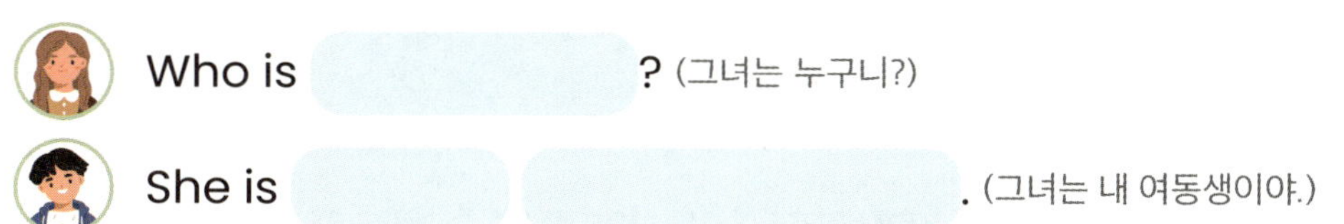

She is [   ]. (그녀는 내 여동생이야.)

What does she do?
직업 묻고 답하기

Step 1 · Key Expression

What does she do?

[무엇 / – / 그녀는 / 하니?]

그녀는 무슨 일을 하시니?

함께 사진을 보며 사진 속 여성이 어떤 일을 하는지 궁금할 때, 또는 대화하는 두 사람이 모두 알고 있는 또 다른 여성의 직업을 물을 때 What does <u>she</u> do?라고 할 수 있어요. 반대로 남성이 어떤 일을 하는지 궁금할 때는 What does <u>he</u> do? 라고 하지요.

What does she do?의 문장 속 **does**는 **do**의 변형이에요. **do**는 **she**나 **he**를 만나면 **does**로 모양을 바꿔요. 여기서의 **does**는 문장 끝에 있는 '~하다'라는 뜻의 **do**와 달리 뜻이 없어요. 왜냐하면 질문하는 문장(의문문)을 만들기 위해 도구처럼 쓰였기 때문이에요.

TIPS 어떤 사람들은 직업에 대해 이야기하는 것을 불편해 할 수 있어요. 또한 개인적인 질문에 속하므로 친해지기 전에 직업에 대해 묻는 것은 예의에 어긋난다고 생각할 수 있으니 직업을 물을 때는 신중해야 해요.

Step 2 · Learn More

She is a teacher.

[그녀는 / ~이다 / 한 명의 / 선생님.]

그녀는 선생님이에요.

위의 질문에 대한 답으로 쓸 수도 있고, 개인적으로 다른 분의 직업을 소개할 때도 쓸 수 있는 표현이에요. 여성의 직업을 소개하고 싶다면 She is a/an □., 남성이라면 He is a/an □.라고 말하죠. □ 자리에 직업을 나타내는 말을 넣어요.

She is an **artist**. 그녀는 예술가예요.
He is a **zookeeper**. 그는 사육사입니다.
He is a **farmer**. 그는 농부란다.

'셀 수 있는 명사' 앞에 **a** 또는 **an**을 쓴다는 내용을 앞에서 공부했어요. 직업을 나타내는 단어도 셀 수 있는 명사예요. 따라서 직업 앞에도 **a**나 **an**을 붙이죠. <u>t</u>eacher, <u>z</u>ookeeper, <u>f</u>armer와 같이 자음으로 시작하는 단어 앞에는 **a**를, <u>a</u>rtist나 <u>e</u>ngineer와 같이 모음으로 시작하는 단어 앞에는 **an**을 쓰지요.

WORDS do (일을) 하다   teacher 교사   artist 예술가   zookeeper 사육사   farmer 농부   engineer 기술자

앞에서 공부한 표현을 여러 번 써 보고, 듣고 따라 말해 보세요.

1 What does she do?

2 She is a teacher.

3 She is an artist.

4 What does he do?

5 He is a zookeeper.

6 He is a farmer.

대화의 빈칸에 알맞은 표현을 써 보세요. 들으며 답을 확인하고, 따라 말해 보세요.

 What does   ? (그녀는 무슨 일을 하니?)

 She is a   . (그녀는 사육사야.)

He is kind.
인물의 성격 · 외모 묘사하기

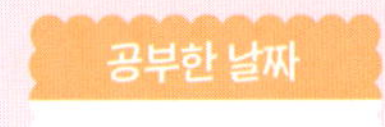

Step 1 Key Expression

He is kind.

↓

[그는 / ~이다 / 친절한.]

↓

그는 친절해요.

누군가에 대해 소개할 때 "그 친구는 엄청 친절해."와 같이 성격을 말할 수 있어요. 남성에 대해 말한다면 He is □., 여성에 대해 말한다면 She is □.라고 해요. □ 자리에 성격을 나타내는 말을 넣어 말하죠.

He is nice. 그는 성격이 좋아요.

She is lovely. 그녀는 사랑스러워.
She's friendly. 그녀는 다정합니다.

TIPS 누군가를 소개할 때 **He**나 **She**의 자리에 그 사람의 이름을 넣어 말하기도 해요. **Jack is nice.**, **Anna is so lovely.**처럼요. 때로는 그 자리에 나와의 관계를 넣기도 해요. '나의 엄마', '내 남동생'처럼 말이죠. **My mom is kind.**, **My brother is friendly.**라고 말해도 자연스러워요.

Step 2 Learn More

She is tall.

↓

[그녀는 / ~이다 / 키가 큰.]

↓

그녀는 키가 커요.

외모에 대해 말할 때에도 He is □., She is □.의 형식으로 말해요. □ 자리에 외모와 관련된 단어를 넣는 거예요. 이왕이면 상대방이 들었을 때 기분이 좋을 만한 점만 꺼내어 표현해 보아요.

She is pretty. 그녀는 예뻐요.
He is cute. 그는 귀여워요.
He is handsome. 그는 잘생겼어요.

TIPS 친구에 대해 소개할 때 여러 가지 특징을 말할 때가 있어요. 예를 들어 누군가 "그녀는 친절해요."라고 했을 때 내가 "그녀는 예쁘기도 해요."라고 덧붙일 수 있어요. 이때 '~도'라는 의미를 더하고 싶을 때는 **too**를 활용해요. 예를 들어 **She is kind. She is pretty, too.** 이렇게요. 여기서 **too**는 '~도, 또한, 역시'라는 뜻으로 친절하다고 말한 것에 예쁘기도 하다는 점을 덧붙이기 위해 쓴 것이지요.

WORDS kind 친절한 lovely 사랑스러운 friendly 상냥한, 다정한 tall 키가 큰 handsome 잘생긴

 Day **15_01**.mp3

앞에서 공부한 표현을 여러 번 써 보고, 듣고 따라 말해 보세요. 마지막에는 여러분의 가족 중 남·여 한 분씩을 떠올려 어울리는 특징을 넣어 문장을 완성하고 말해 보세요.

1 He is kind.

He is nice.

2 She is lovely.

She's friendly.

3 My mom is kind.

My brother is friendly.

4 She is tall.

She is pretty.

5 He is cute.

He is handsome.

6 He is

She is

 Day **15_02**.mp3

대화의 빈칸에 알맞은 표현을 써 보세요. 들으며 답을 확인하고, 따라 말해 보세요.

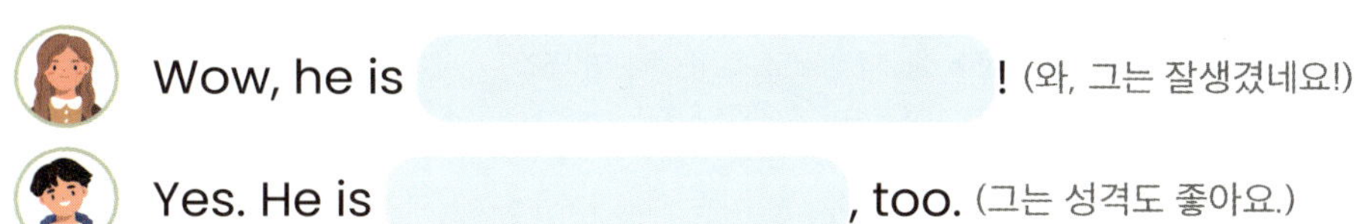

Wow, he is   ! (와, 그는 잘생겼네요!)

Yes. He is   , too. (그는 성격도 좋아요.)

Her mouth is big.
신체적 특징 말하기

Step 1 **Key Expression**

Her mouth is big.

[그녀의 / 입은 / ~이다 / 큰.]

그녀의 입은 커요.

누군가의 외모적 특징을 말할 때 눈, 입, 손, 손가락, 발 등과 같은 특정 부분을 떠올려 어떤 특징이 있는지 표현할 수 있어요. Her(누구의) mouth(신체 부위) is(또는 are) □.처럼요. 이때 □에 특징이 들어가요.

His head is **small**. 그의 머리는 작아요.
Her eyes are **pretty**. 그녀의 눈은 예뻐요.
His fingers are **long**. 그의 손가락은 길어.

Her mouth, His head에서는 is라는 be동사를 썼는데, 나머지 두 문장에서는 are를 썼어요. 그 이유는 입과 머리는 1개(단수)이고, 눈과 손가락은 2개 이상(복수)이기 때문이에요. 눈과 손가락을 가리키는 eye와 finger에 -s를 붙여 복수의 명사임을 표시했어요. How old are you?를 공부할 때 10 year**s** old라는 대답에서 -s를 붙인 것도 같은 이치예요.

Step 2 **Learn More**

She has pretty eyes.

[그녀는 / 가지고 있다 / 예쁜 / 눈을.]

그녀는 예쁜 눈을 가졌어요.

위에 나온 문장을 다르게 표현해 보았어요. "그녀의 눈은 예뻐요."를 "그녀는 예쁜 눈을 가지고 있어요."로 말이죠. 영어로는 She(누구는) has(가지고 있다) □ (~한) eyes(신체 부위).와 같이 말해요.

He has **long** fingers. 그는 긴 손가락을 가지고 있어.
She has **a big** mouth. 그녀는 큰 입을 가지고 있단다.
He has **a small** head. 그는 작은 머리를 가지고 있어.

has의 원형(원래 형태)은 have예요. have는 '가지고 있다'를 뜻하는 단어에요. 그렇다면 왜 has라고 썼을까요? 그 이유는 문장의 주어인 She, He는 1명이기 때문이에요. 나(I)도 너(you)도 아닌 '다른 사람' 또는 '다른 것'이 하나 있을 때 동사의 모양이 변하기 때문에 have가 has로 변한 거예요. 얼마 전에 공부한 What does she do?의 does도 같은 이유였어요.

WORDS   mouth 입   head 머리   eye 눈   finger 손가락   long 긴

앞에서 공부한 표현을 여러 번 써 보고, 듣고 따라 말해 보세요.

1 Her mouth is big.

2 Her eyes are pretty.

3 His head is small.

4 His fingers are long.

5 She has pretty eyes.

He has long fingers.

6 She has a big mouth.

He has a small head.

대화의 빈칸에 알맞은 표현을 써 보세요. 들으며 답을 확인하고, 따라 말해 보세요.

Oh, her eyes are pretty.

Yes, she has   . (맞아, 그녀는 예쁜 눈을 가지고 있어.)

DAY 13~16

말풍선에 있는 철자를 우리말 뜻에 맞게 올바른 순서대로 놓아 바르게 써 보세요.

who

1 누구

2 그 남자

3 엄마

4 남자형제

5 아빠

6 친절한

7 긴

8 선생님

9 사육사

10 키가 큰

11 눈

12 손가락

DAY 13~16

A 우리말 뜻을 보고, 빈칸에 알맞은 영어를 <보기>에서 골라 써 보세요.

보기

| | Who | she | Her fingers | teacher | my dad |
| | nice | handsome | mouth | lovely | pretty eyes |

	우리말 뜻	영어 표현
1	그는 누구니?	_____________ is he?
2	그는 나의 아빠야.	He is _____________ _____________.
3	그녀의 직업은 뭐니?	What does _____________ do?
4	그녀는 선생님이야.	She is a _____________.
5	그는 성격이 좋아.	He is _____________.
6	그녀는 사랑스러워.	She is _____________.
7	그는 잘생겼어.	He is _____________.
8	그녀의 손가락은 길어.	_____________ _____________ are long.
9	그는 큰 입을 가졌어.	He has a big _____________.
10	그녀는 예쁜 눈을 가졌어.	She has _____________ _____________.

B 다음 대화를 들으며 빈칸에 알맞은 단어를 넣어 대화를 완성해 보세요. 🎧 **Day 13~16_Sentence Review**.mp3

_______ **is she?** (그녀는 누구니?)

She is my mom.

_______ **does she do?** (그녀는 무슨 일을 하셔?)

She is a _______. (그녀는 사육사야.)

She is _______. (키가 크시구나.)

Yes. She is _______**, too.** (맞아. 친절하시기도 해.)

나의 가족을 소개하는 글 쓰기

예시글을 소리 내어 읽으며 어떤 내용인지 살펴보아요.

He is very kind.

He is a firefighter.

He is handsome.

He loves me.

This is my dad.

His eyes are big.

위의 예시글을 참고하여 '나의 가족을 소개하는 글'을 영어로 써 보세요. 그림이나 사진도 넣어 소개해 보세요.

62

My Day
나의 하루

이 챕터를 함께 공부하면...

- 요일 묻고 답하기
- 수업 활동 말하기
- 여가 활동(좋아하는 일) 말하기
- 활동에 대한 생각 · 느낌 표현하기

등을 익혀 '나의 주간 일정표'를 만들 수 있어요!

What day is it?
요일 묻고 답하기

Step 1 Key Expression

What day is it?

⬇

[무슨 / 요일 / ~이니 / -?]

⬇

무슨 요일이에요?

무슨 요일인지 물어볼 때 What day is it?이라고 해요. '오늘'을 뜻하는 today를 마지막에 넣어 조금 더 분명하게 "오늘은 무슨 요일인가요?"라고 물을 수도 있어요. What day is it today?처럼요.

 여기서의 **it**은 아무 뜻이 없어요. 뜻은 없지만 완전한 문장(주어 + 동사)을 만들기 위해 주어의 자리를 채우려고 쓴 거예요. 그래서 위의 문장을 "그것은 무슨 요일이에요?"가 아니라 "무슨 요일이에요?"로 해석했어요.

Step 2 Learn More

It's Sunday.

⬇

[~이다 / 일요일.]

⬇

일요일이에요.

What day is it?에 대한 대답은 [It's + 요일.]로 해요. 여기서의 It도 주어 자리를 채우기 위해 쓴 것으로 아무 뜻이 없어서 해석하지 않아요.

It's **Monday.** 월요일이야.
It's **Tuesday.** 화요일이란다.
It's **Wednesday.** 수요일입니다.
It's **Thursday.** 목요일이지요.
It's **Friday.** 금요일이다.
It's **Saturday.** 토요일이지.

TIPS 특정한 이름을 나타내는 명사를 '고유명사'라고 해요. '세상에 하나뿐인 고유하게 가진 이름'을 말하죠. 누군가의 이름(**Molly, Bella** 등), 나라 이름(**Korea, Spain** 등), 도시 이름(**Seoul, Washington** 등), 행성의 이름(**Mercury, Venus** 등) 등 세상에 하나뿐인 이름은 모두 고유명사예요. 요일도 고유명사지요. 그래서 첫 글자는 늘 대문자로 쓴다는 점을 기억해요.

 **WORDS** day 요일, 낮, 하루   today 오늘   Sunday 일요일   Monday 월요일   Tuesday 화요일   Wednesday 수요일
Thursday 목요일   Friday 금요일   Saturday 토요일

앞에서 공부한 표현을 여러 번 써 보고, 듣고 따라 말해 보세요.

1 What day is it?

2 What day is it today?

3 It's Sunday.

   It's Monday.

4 It's Tuesday.

   It's Wednesday.

5 It's Thursday.

   It's Friday.

6 It's Saturday.

Step 4 Write & Say 🎧 Day 17_02.mp3

대화의 빈칸에 알맞은 표현을 써 보세요. 들으며 답을 확인하고, 따라 말해 보세요.

What ___________ is it ___________ ? (오늘은 무슨 요일이니?)

It's ___________ . (금요일이야.)

I have an English class.
수업 활동 말하기

Step 1 | **Key Expression**

I have an English class.

[나는 / 가지고 있다 / 하나의 / 영어 / 수업.]

나는 영어 수업이 있어.

자신의 일과 중 수업 활동을 말할 때 '가지고 있다'라는 뜻의 have를 써서 표현해요. I have a/an □ class.가 기본 형태예요. □ 자리에 과목 이름을 써요. 필요에 따라 문장 뒤에 today(오늘)를 붙여도 자연스러워요.

I have a **Korean** class today.
나는 오늘 국어 수업이 있어.
I have an **art** class today.
난 오늘 미술 수업이 있어.

Step 2 | **Learn More**

I have a piano lesson after school.

[나는 / 가지고 있다 / 하나의 / 피아노 / 수업을 / ~ 후에 / 학교(공부).]

나는 방과 후에 피아노 수업이 있어.

방과 후의 수업은 보통 lesson이라고 해요. I have a/an □ lesson after school.라고 하면 방과 후에 하는 수업을 말할 수 있어요. □에 수업의 종류를 써요.

I have a **soccer** lesson after school.
난 방과 후에 축구 레슨이 있어.
I have a **violin** lesson today.
나는 오늘 바이올린 레슨이 있어.

 **TIPS** class와 lesson의 차이가 무엇일까요? 영어 수업이나 국어 수업처럼 정규 시간에 단체로 듣는 수업은 **class**, 정규 시간 외에 소규모로 듣는 수업은 **lesson**이라고 해요. 보통 악기나 스포츠를 배울 때 '레슨 받는다'라고 표현하기도 하죠. 영어 수업이긴 한데, 정규 수업 외에 나에게만 맞추어진 영어 수업이라면 **I have an English lesson.**이라고도 표현할 수 있어요.

 **WORDS**   English 영어   class 수업   Korean (한)국어   art 미술, 예술   piano 피아노   lesson 수업, 교습   after ~ 후에
school 학교   soccer 축구   violin 바이올린

앞에서 공부한 표현을 여러 번 써 보고, 듣고 따라 말해 보세요.

1　I have an English class.

2　I have a Korean class today.

3　I have an art class today.

4　I have a piano lesson after school.

5　I have a soccer lesson after school.

6　I have a violin lesson today.

Step 4　Write & Say　🎧 Day **18_02**.mp3

대화의 빈칸에 알맞은 표현을 써 보세요. 들으며 답을 확인하고, 따라 말해 보세요.

I have an ＿＿＿＿＿ ＿＿＿＿＿ today. (나는 오늘 영어 수업이 있어.)

Oh, I have a ＿＿＿＿＿ ＿＿＿＿＿ after school.
(오, 난 방과 후에 피아노 레슨이 있는데.)

I like fishing.
여가 활동(좋아하는 일) 말하기

Step 1 Key Expression

I like fishing.

↓

[나는 / 좋아하다 / 낚시하는 것을.]

↓

나는 낚시를 좋아해요.

'여가 활동'이란 여유 시간에 주로 하는 일로, 내가 좋아하는 일을 말해요. I like □ing. 형태로 자신이 좋아하는 일을 소개할 수 있어요. □에는 '낚시하다', '캠핑하다', '노래하다'와 같은 동사(동사원형)가 들어가요.

 **I like camping.** 난 캠핑을 좋아해.
I like singing. 난 노래하는 걸 좋아해.

 **fishing**(낚시하기)은 **fish**(낚시하다)라는 동사의 '명사형'이에요. 즉, '~하다'라고 끝나는 동사를 '~하기, ~하는 것'의 명사로 바꾸었다는 말이지요. 동사를 명사로 바꾸려면 동사 뒤에 **ing**를 붙여요.
fish ⇨ **fishing**, **camp** ⇨ **camping**, **sing** ⇨ **singing** 이렇게요.

Step 2 Learn More

I like reading books.

↓

[나는 / 좋아하다 / 읽기를 / 책.]

↓

나는 독서를 좋아해.

I like 뒤에 단어 하나가 아닌, 어구가 붙는 문장도 있어요. [I like □ing + 무엇.]은 '나는 ~하는 것을 좋아해요.'라는 뜻으로, I like 뒤에 어구가 온 경우에요.

 **I like playing soccer.** 난 축구하는 걸 좋아해.
I like watching TV. 난 TV 보는 걸 좋아해.

 '어구'란 단어가 2개 이상 모여서 뜻을 이루는 말 덩어리를 말해요. 예를 들어 **reading books**는 두 개의 단어가 모여 '책 읽기, 독서'라는 뜻을 만든 어구지요. **playing soccer**는 '축구하기', **watching TV**는 'TV 보기'가 돼요. 앞서 공부했던 **an English class, a piano lesson, after school** 모두 '어구'랍니다.

WORDS fish 낚시하다, 물고기   camp 야영하다   sing 노래하다   read 읽다   book 책   play 놀다, (게임·놀이 등을) 하다
watch 보다

앞에서 공부한 표현을 여러 번 써 보고, 듣고 따라 말해 보세요. 마지막에는 여러분이 좋아하는 일을 넣어 문장을 완성하고 말해 보세요.

1 I like fishing.

I like camping.

2 I like singing.

3 I like reading books.

4 I like playing soccer.

5 I like watching TV.

6 I like

Step 4 Write & Say  Day 19_02.mp3

대화의 빈칸에 알맞은 표현을 써 보세요. 들으며 답을 확인하고, 따라 말해 보세요.

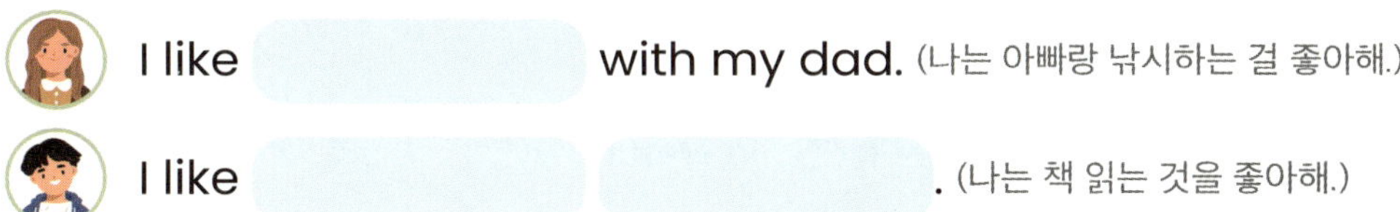

I like ______ with my dad. (나는 아빠랑 낚시하는 걸 좋아해.)

I like ______. (나는 책 읽는 것을 좋아해.)

It's exciting.
활동에 대한 생각 · 느낌 표현하기

Step 1 Key Expression

It's exciting.

[~이다 / 신나는.]

신난다.

어떤 활동이나 상황에 대해서 자신의 생각이나 느낌을 표현할 때 It's □. 라고 써요. □ 자리에 생각이나 느낌을 나타내는 단어를 넣어요. 마침표 대신 느낌표를 넣어 더 강조하기도 하죠.

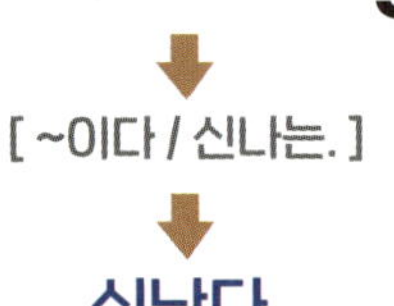

It's fun. 재미있어요.
It's interesting! 흥미로워!

TIPS 세 가지 표현 모두 우리 말로는 간단하게 "재미있어!", "신나!"라고 해석할 수 있지만 뉘앙스(말이 주는 느낌)에는 차이가 있어요.

표현	뉘앙스	이럴 때 사용해요!
It's **exciting**. 신나.	무언가 자극적이고, 긴장감이나 기대감 등 강한 감정을 불러일으킴	롤러코스터를 타거나 중요한 경기를 볼 때, 긴장감 있는 게임을 즐길 때
It's **fun**. 재미있어.	즐겁고 유쾌하며 재미있음	게임을 하거나 친구랑 놀 때
It's **interesting**. 흥미로워.	무언가 흥미롭고 주의를 끌며 생각할 거리를 제공함	호기심을 자극하는 경험을 했거나 새로운 책을 읽었을 때

Step 2 Learn More

It's boring.

[~이다 / 지루한.]

지루해.

때로는 재미없을 때가 있어요. 그럴 때 쓸 수 있는 표현이 It's boring.이 에요. 그리고 위의 표현들에 not을 더하면 재미있고 신난다는 느낌과는 반대의 뜻을 담은 문장을 만들 수 있어요.

It's not exciting. 신나지 않아.
It's not fun. 즐겁지 않아.
It's not interesting. 재미없어.

WORDS exciting 신나는, (기대감으로) 흥분되는   fun 재미있는, 즐거움   interesting 재미있는, 흥미로운
boring 재미없는, 지루한

앞에서 공부한 표현을 여러 번 써 보고, 듣고 따라 말해 보세요. 마지막에는 여러분이 '영어' 하면 떠오르는 느낌을 넣어 문장을 완성하고 말해 보세요.

1 It's exciting.

It's fun.

2 It's interesting!

3 It's boring.

4 It's not fun.

It's not exciting.

5 It's not interesting.

6 It's

대화의 빈칸에 알맞은 표현을 써 보세요. 들으며 답을 확인하고, 따라 말해 보세요.

It's ___________. (정말 신나.) How about you?

It's ___________. (지루해.)

DAY 17~20

다음 철자 배열에서 단어를 찾아 동그라미 한 후, 어울리는 우리말 뜻 아래 써 보세요.

k s t o d a y m E n g l i s h n l e s s o n

1 영어

2 오늘

3 개인 교습

English

r e a d t s o c c e r x e x c i t i n g u

4 신이 난, 흥분된

5 축구

6 읽다

b p i a n o y b o r i n g s T u e s d a y e

7 화요일

8 피아노

9 지루한

j F r i d a y c l a s s i n t e r e s t i n g

10 수업

11 흥미로운

12 금요일

DAY 17~20

A 우리말 뜻을 보고, 빈칸에 알맞은 영어를 <보기>에서 골라 써 보세요.

> 보기
>
> English class   singing   lesson   What day   Monday
> today   interesting   playing soccer   exciting   boring

	우리말 뜻	영어 표현
1	오늘은 무슨 요일이니?	______________ ______________ is it today?
2	오늘은 월요일이야.	It's ____________.
3	나는 영어 수업이 있어.	I have an ______________ ____________.
4	나는 피아노 레슨이 있어.	I have a piano ____________.
5	나는 오늘 바이올린 레슨이 있어.	I have a violin lesson ______.
6	나는 노래하는 걸 좋아해.	I like ____________.
7	난 축구하기를 좋아해.	I like ______________ ____________.
8	신난다.	It's ____________.
9	흥미롭지 않아.	It's not ______________.
10	지루해.	It's ____________.

B 다음 대화를 들으며 빈칸에 알맞은 단어를 넣어 대화를 완성해 보세요. 🔊 Day 17~20_Sentence Review.mp3

What day is it ____________? (오늘 무슨 요일이니?)

It's ____________. (목요일이야.)

I have a ____________ ____________ today. (나 오늘 피아노 레슨 있어.)

I ____________ a soccer lesson ____________. (나는 방과 후에 축구 레슨 있어.)

Do you like soccer?

Yes, I do. I like ____________ ____________. (나는 축구하는 걸 좋아해.)

That's good.

나의 주간 일정표 만들기

Model Writing 예시글을 소리 내어 읽으며 어떤 내용인지 살펴보아요.

요일	일정	생각 / 감정
Monday	I have **a piano lesson.**	It is **boring.**
Tuesday	I have **an English class.**	It is **interesting.**
Wednesday	I have **a computer class.**	It's **exciting.**
Thursday	I have **a Korean class.**	It's **not fun.**
Friday	I have **a soccer lesson.**	I like **playing soccer.** It's **so fun.**

Write Your Story 위의 예시글을 참고하여 '나의 주간 일정표'를 영어로 써 보세요.

요일	일정	생각 / 감정
Monday	I have	It's
Tuesday		
Wednesday		
Thursday		
Friday		

Hey, Friend!
안녕, 친구야!

이 챕터를 함께 공부하면...

- 지시 · 요청 · 금지하는 말 하기
- 할 수 있는지 묻고 답하기
- 무엇을 하고 있는지 묻고 답하기
- 제안하는 말 하기

등을 익혀 '친구와 주고받는 메시지'를 쓸 수 있어요!

Sit down, please.
지시 · 요청 · 금지하는 말 하기

Step 1 Key Expression

Sit down, please.

⬇

[앉다 / 아래로 / 제발.]

⬇

앉아 주세요.

"앉아 주세요.", "일어나 주세요."처럼 누군가가 어떤 행동을 하도록 지시하거나 요청할 때 '~해 주세요'라고 하죠. 명령문 뒤에 쉼표(,)와 please를 붙여 표현해요. '~해라'라는 뜻의 명령문은 주어가 없는 문장으로, 동사가 문장 맨 앞에 온다는 것이 특징이에요.

Stand up, please. 일어나 주세요.
Hurry up, please. 서둘러 주세요.
Open the door, please. 문을 열어 줘요.
Close the door, please. 문 좀 닫아 줘.

TIPS please는 '제발'이라는 뜻도 있지만 여기에서는 정중하게 무엇을 부탁하거나 하라고 할 때 덧붙이는 말로 쓰였어요. please를 더하면 좀 더 부드럽고 예의바른 표현이 되죠. 반대로 please를 붙이지 않고 말하면 명령하는 느낌이 들어 상대방의 기분이 나빠질 수도 있으니 주의해야 해요. please를 더할 땐 바로 앞에 쉼표(,)를 찍는다는 점도 기억해요.

Step 2 Learn More

Don't touch.

⬇

[하지 마 / 만지다.]

⬇

만지지 마.

미술관이나 박물관에 갔을 때 붉은색으로 금지를 표시한 표지판을 본 경험이 있나요?  등의 금지하는 내용을 영어로 말할 땐 명령문을 Don't로 시작해요.

Don't run. 뛰지 마.
Don't take pictures. 사진을 찍지 마.
Don't do that. 그러지 마.

TIPS 금지하는 말하기에서도 please를 붙일 수 있어요. **Don't touch, please.**라고 하면 금지하려는 의도는 유지하되, 좀 더 부드럽게 요청하는 말이 될 수 있지요. please는 문장 맨 앞에 쓸 수도 있어요. **Please don't touch.** 이렇게요.

WORDS   sit down 앉다   please 제발   stand up 일어서다   hurry up 서두르다   open 열다   door 문   close 닫다
touch 만지다   run 달리다   take pictures 사진을 찍다

앞에서 공부한 표현을 여러 번 써 보고, 듣고 따라 말해 보세요.

1. Sit down, please.

 Stand up, please.

2. Hurry up, please.

3. Open the door, please.

4. Close the door, please.

5. Don't touch.

 Don't run.

6. Don't take pictures.

 Don't do that.

대화의 빈칸에 알맞은 표현을 써 보세요. 들으며 답을 확인하고, 따라 말해 보세요.

__________ the __________, please. (문 좀 닫아 주세요.)

Okay.

Can you swim?
할 수 있는지 묻고 답하기

공부한 날짜

월   일

Can you swim?

[할 수 있니 / 너는 / 수영하다?]

너는 수영할 수 있니?

누군가에게 '~할 수 있나요?'라고 물어볼 때 Can you □?라고 말해요. □에 동사를 넣어 표현해요. 이때 동사는 원형(원래 형태)이에요.

Can you sing? 너 노래할 수 있어?
Can you skate? 너는 스케이트 탈 수 있니?

 Can you □?라고 묻는 문장에 대답할 때도 can을 넣어 말해요.

| 긍정 | Yes, I can.
[응 / 나는 / 할 수 있어.] | 부정 | No, I can't.
[아니 / 나는 / 못 해.] |

can't는 cannot의 줄임말이에요. can(할 수 있다)과 not(아니다)을 합쳐서 '할 수 있지 않다', 즉 '못한다'라는 뜻이죠.

I can play the piano.

[나는 / 할 수 있다 / 연주하다 / – / 피아노를.]

나는 피아노를 칠 수 있어.

할 수 있는 것을 말할 때 I can □.라고 말해요. □에 동작을 나타내는 동사의 원형을 넣죠. 반대로 할 수 없는 것을 말할 때는 can't를 붙여 표현해요.

I can play the violin. 나는 바이올린을 연주할 수 있어.
I can't play the piano. 나는 피아노를 연주하지 못 해.
I can't play the violin. 저는 바이올린 연주를 못 해요.

 명사 앞에 the를 쓰는 규칙 중에 악기 연주할 때 쓴다는 규칙이 있어요. 그래서 play soccer처럼 스포츠 앞에는 붙지 않았던 the를 play the piano '피아노를 연주하다', play the violin '바이올린을 연주하다'와 같이 악기 앞에 붙여요.

WORDS can ~할 수 있다   swim 수영하다   skate 스케이트를 타다   play the piano 피아노를 치다
play the violin 바이올린을 연주하다

앞에서 공부한 표현을 여러 번 써 보고, 듣고 따라 말해 보세요.

1 Can you swim?

   Can you skate?

2 Can you sing?

   Yes, I can.   No, I can't.

3 I can play the piano.

4 I can play the violin.

5 I can't play the piano.

6 I can't play the violin.

대화의 빈칸에 알맞은 표현을 써 보세요. 들으며 답을 확인하고, 따라 말해 보세요.

Can you ____________? (너 노래할 수 있니?)

No, I can't. I ____________ ____________ the piano. (난 피아노는 칠 수 있어.)

What are you doing?
무엇을 하고 있는지 묻고 답하기

Step 1 Key Expression

What are you doing?

[무엇을 / ~이니 / 너는 / 하고 있는?]

너는 무엇을 하고 있니?

상대방이 지금 무엇을 하고 있는 중인지 물을 때 What are you doing?이라고 해요.

TIPS '~이다'라는 뜻을 가진 동사는 **am**, **are**, **is** 이렇게 세 가지예요. 이 세 가지 동사를 묶어서 '**be동사**'라고 하는데, 이것은 각자 짝꿍이 되는 주어 (문장의 주인이 되는 말)가 있어요.

주어	be동사	이미 공부한 문장 중 예문	오늘 공부하는 문장의 변형
I	am	I am Juwon.	What am I doing?
You	are	How old are you?	What are you doing?
'나'와 '너'를 뺀 한 명의 다른 사람 또는 하나의 물건 (He, She, It, This)	is	What's this? It is a bag. This is my pet. Who is he? He's my dad.	What is he doing? What is she doing? What is Judy doing? What is Sam doing?

Step 2 Learn More

I'm studying English.

[나는 ~이다 / 공부하고 있는 중 / 영어를.]

나는 영어 공부를 하고 있어.

내가 지금 이 순간에 하고 있는 일을 말할 때 [I'm □ing + 무엇.] 형태로 말해요. □에는 동사원형이 와요. 'be동사 + □ing'는 '~하는 중이다'라는 의미로 지금 진행 중인 것을 나타내요.

I'm play**ing** the piano. 난 피아노 치고 있어.
I'm watch**ing** TV. 나는 TV를 보고 있어.
I'm do**ing** homework. 나는 숙제를 하고 있어.

TIPS 문장의 주어를 **he**와 **she**로 바꾸어 질문과 답을 연결해 보면 다음과 같아요.
What is he doing? ⇨ He is singing.   What is she doing? ⇨ She is reading a book.

WORDS   study 공부하다   do homework 숙제를 하다

앞에서 공부한 표현을 여러 번 써 보고, 듣고 따라 말해 보세요. 마지막에는 여러분이 지금 하고 있는 일을
넣어 문장을 완성하고 말해 보세요.

1   What are you doing?

2   I'm studying English.

3   I'm playing the piano.

4   I'm watching TV.

5   I'm doing homework.

6   I'm

Step 4 **Write & Say** 🎧 Day **23_02**.mp3

대화의 빈칸에 알맞은 표현을 써 보세요. 들으며 답을 확인하고, 따라 말해 보세요.

What are you doing?

I'm ____________ . (나는 숙제를 하고 있어.)

DAY 24

Let's play badminton.
제안하는 말 하기

Step 1 Key Expression

Let's play badminton.

[~하자 (우리) / 경기하다 / 배드민턴.]

(우리) 배드민턴 치자.

"우리 배드민턴 치자.", "야구하자." 등과 같이 친구에게 무엇을 하자고 제안할 때 [Let's □ + 무엇.]이라고 해요. □에는 동작을 나타내는 동사의 원형을 써요. 마침표 대신 느낌표를 쓰기도 해요.

Let's play baseball. 우리 야구하자.
Let's play basketball! 농구 하자!
Let's play dodge ball! 피구 하자!

Let's는 **Let us**의 줄임말이에요. **us**는 '우리'라는 뜻이에요. 그래서 **Let's**는 '우리 ~하자'라는 의미예요.

Step 2 Learn More

Sounds good.

[들리다 / 좋게.]

좋아.

친구가 무언가를 하자고 제안했을 때 대답하는 방법은 다양해요. 크게는 "좋아."라는 긍정의 대답과 "미안하지만 할 수 없어."라는 부정의 대답이 있어요.

Sounds great! 아주 좋아!
Sure. 당연히 하지.
Sorry, I can't. 미안하지만 할 수 없어.

TIPS 제안에 거절을 해야 할 때는 **Sorry, I can't.**(미안하지만 못 해.)라고 하죠. 그 이유를 뒤에 덧붙이면 나에게 제안을 했던 친구가 덜 서운할 거예요. 예를 들어 아래처럼요.
Sorry, I can't. I'm so tired. 미안하지만 할 수 없어. 내가 너무 피곤하거든.
Sorry, I can't. I'm busy today. 미안하지만 못할 것 같아. 내가 오늘 좀 바빠서.

WORDS let's 우리 ~하자   badminton 배드민턴   baseball 야구   basketball 농구   dodge ball 피구
sound 들리다, 소리   great 훌륭한, 대단한   sure 확실한, 당연한   sorry 미안한   tired 피곤한   busy 바쁜

앞에서 공부한 표현을 여러 번 써 보고, 듣고 따라 말해 보세요.

1 Let's play badminton.

2 Let's play baseball.

3 Let's play basketball!

4 Let's play dodge ball!

5 Sounds good.

Sounds great!

6 Sure.

Sorry, I can't.

Step 4 Write & Say 🎧 Day 24_02.mp3

대화의 빈칸에 알맞은 표현을 써 보세요. 들으며 답을 확인하고, 따라 말해 보세요.

Let's ____________________. (우리 축구하자.)

____________ great! (아주 좋아!)

DAY 21~24

다음 단어와 뜻이 일치하면 □ 안에 ○표를 한 다음 한 번 더 쓰고, 일치하지 않으면 ×표를 한 후 맞는 단어를 써 보세요.

1 제발
(남에게 부탁할 때 덧붙이는 말) ○

please

2 앉다 □

stand

3 수영하다 □

swim

4 노래하다 □

skate

5 공부하다 □

study

6 (TV 등을) 보다 □

watch

7 야구 □

baseball

8 만지다 □

run

9 사진, 그림 □

picture

10 당연한 □

great

11 들리다, 소리 □

sound

12 영어 □

English

DAY 21~24

A 우리말 뜻을 보고, 빈칸에 알맞은 영어를 <보기>에서 골라 써 보세요.

보기

| good | Sit | Don't | the piano | swim |
| doing | studying | door | Let's | No |

	우리말 뜻	영어 표현
1	앉아 주세요.	______________ down, please.
2	문을 닫아 주세요.	Close the ____________, please.
3	뛰지 마.	______________ run.
4	넌 수영할 수 있니?	Can you ____________?
5	아니. 난 못 해.	____________, I can't.
6	나는 피아노를 칠 수 있어.	I can play ____________ ____________.
7	너는 무엇을 하고 있니?	What are you ____________?
8	나는 영어 공부를 하고 있어.	I'm ____________ English.
9	우리 배드민턴 치자.	____________ play badminton.
10	좋아!	Sounds ____________!

B 다음 대화를 들으며 빈칸에 알맞은 단어를 넣어 대화를 완성해 보세요. 🎧 Day 21~24_Sentence Review.mp3

What ________ you ____________? (넌 무엇을 하고 있니?)

I'm ____________ the piano. (나는 피아노를 치고 있어.)

Let's play ____________. (우리 배드민턴 치자.)

Sounds great.

____________ meet at the park now. (지금 공원에서 만나자.)

____________ up, please. (서둘러 줘.)

Okay.

친구와 주고받는 메시지 쓰기

Model Writing

왼쪽의 예시글을 소리 내어 읽으며
어떤 내용인지 살펴보아요.

Write Your Story

위의 예시글을 참고하여 오른쪽에
'친구와 주고받는 메시지'를 상상하여
영어로 써 보세요.

Chapter 7

At a Market
시장에서

이 챕터를 함께 공부하면...

- 과일의 개수 묻고 답하기
- 원하는 것 묻고 답하기
- 물건의 가격 묻고 답하기
- 물건의 위치 묻고 답하기

등을 익혀 '역할극 대본'을 쓸 수 있어요!

How many apples?
과일의 개수 묻고 답하기

Step 1 Key Expression

How many apples?

[얼마나 / 많은 / 사과들?]

사과가 몇 개니?

물건이 몇 개 있는지 궁금할 때는 How many □?라고 물어봐요. □에는 과일, 동물, 채소, 학용품 등 궁금한 대상을 나타내는 단어를 넣어요.

How many **oranges?** 오렌지가 몇 개야?
How many **pears?** 배가 몇 개예요?
How many **peaches?** 복숭아가 몇 개죠?

 **many**(많은) 뒤에는 셀 수 있는 명사가 오는데, '여러 개(복수)'라는 의미를 담아야 하므로 단어 뒤에 **–s**를 붙여 복수를 나타내요. **apple** ⇨ **apples**, **orange** ⇨ **oranges**, **pear** ⇨ **pears**처럼요. 그런데 **s, sh, ch, x, o**로 끝나는 단어 뒤에는 **-es**를 붙여야 해요. 예로는 **peach** ⇨ **peaches**, **tomato** ⇨ **tomatoes** 등이 있지요.

Step 2 Learn More

Four apples.

[4개의 / 사과들.]

사과가 4개 있어.

몇 개인지 묻는 질문에 대한 대답은 [숫자 + 과일 이름.]의 형태로 해요. 4 apples., 즉 Four apples.와 같이 말하죠.

Five oranges. 오렌지가 5개 있어.
Seven pears. 배는 7개가 있지.
Ten peaches. 복숭아가 10개 있어.

TIPS 바나나가 몇 개인지 물어보았는데 하나가 있다면 어떻게 대답할까요? 질문은 **How many bananas?**라고 했더라도 대답은 **One banana.** 라고 해요. 몇 개인지 물어보는 사람은 여러 개일지 모르니 **-s**를 붙여 물어보지만, 대답을 하는 사람은 1개(단수)인 것을 확인했으니 **-s**를 붙이지 않는 것이지요. 2개부터 **-s** 또는 **-es**를 붙인다는 점 기억해요.

WORDS how many 몇 개의   many 많은   apple 사과   orange 오렌지   pear 배   peach 복숭아   tomato 토마토
four 4, 넷   five 5, 다섯   seven 7, 일곱   ten 10, 열   banana 바나나

앞에서 공부한 표현을 여러 번 써 보고, 듣고 따라 말해 보세요. 마지막에는 여러분이 직접 개수를 넣어 묻고 답하는 문장을 완성해 말해 보세요.

1　How many apples?

　　Four apples.

2　How many oranges?

　　Five oranges.

3　How many pears?

　　Seven pears.

4　How many peaches?

　　Ten peaches.

5　How many bananas?

　　One banana.

6　How many

대화의 빈칸에 알맞은 표현을 써 보세요. 들으며 답을 확인하고, 따라 말해 보세요.

　　　　　　　　　　　　apples? (사과가 몇 개 있니?)

Ten 　　　　　　. (사과가 열 개 있어.)

What do you want?
원하는 것 묻고 답하기

Step 1 Key Expression

What do you want?

⬇

[무엇을 / – / 너는 / 원하니?]

⬇

무엇을 원하세요?

상대방이 무엇을 원하는지 물어볼 때 What do you want?라고 해요. '무엇'을 뜻하는 What과 질문할 때 쓰는 do를 활용한 표현이에요.

 **What do you want?**는 친구와 편의점에 갔을 때, 내가 친구에게 "뭐 살래?"라고 묻거나 편의점 사장님이 우리에게 "뭐 드릴까요?"라고 물어볼 때 하는 표현이에요. 또는 학교를 마치고 집에 갔을 때 엄마가 나를 보고 "뭐 줄까?" 하고 물으실 때도 사용할 수 있지요. 즉, **What do you want?**는 활용하는 상황과 장소에 따라 "뭐 마실래?", "뭐 먹을래?", "뭐 살래?", "뭐 줄까?" 등 여러 가지 의미를 담을 수 있어요.

Step 2 Learn More

I want some water.

⬇

[나는 / 원하다 / 약간의 / 물을.]

⬇

저는 물을 좀 원해요.

무엇을 원하는지 묻는 질문에 대한 대답은 I want some □.의 형태로 해요. □ 자리에 원하는 것을 넣어 답하면 돼요.

➡ **I want some juice.** 나는 주스를 마시고 싶어.
I want some ice cream. 난 아이스크림 먹을래.
I want some apples. 사과를 좀 사고 싶어요.

TIPS **some**은 '약간의, 조금의'라는 뜻으로 명사 앞에 써요. **some** 뒤에는 **water, juice, ice cream**과 같은 셀 수 없는 명사도 올 수 있고, **apple**과 같은 셀 수 있는 명사도 올 수 있어요. 셀 수 있는 명사가 올 때는 '약간의'라는 의미로 여러 개를 뜻하므로 명사에 **-s**를 붙여요. 특정한 개수만큼을 원할 때는 **I want an apple.**(나는 사과 1개를 원해.), **I want two pears.**(나는 배 2개를 원해.)와 같이 말할 수 있어요.

WORDS want 원하다   some 약간의, 조금의   water 물   juice 주스   ice cream 아이스크림

앞에서 공부한 표현을 여러 번 써 보고, 듣고 따라 말해 보세요. 마지막에는 여러분이 원하는 것을 넣어 문장을 완성하고 말해 보세요.

1 What do you want?

2 I want some water.

3 I want some juice.

4 I want some ice cream.

5 I want some apples.

6 What do you want?

   I want

대화의 빈칸에 알맞은 표현을 써 보세요. 들으며 답을 확인하고, 따라 말해 보세요.

What do you ________, Lisa? (Lisa야, 뭘 원하니?)

I ________ some ________. (나는 물을 좀 원해요.)

How much is it?
물건의 가격 묻고 답하기

Step 1 Key Expression

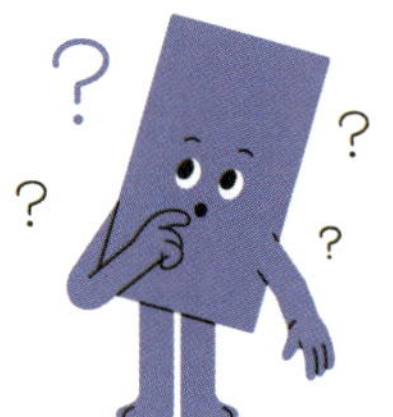

How much is it?

↓

[얼마나 / 많은 / ~이니 / 그것은?]

↓

그건 얼마예요?

무언가의 가격을 물어볼 때 How much is it?이라고 해요. how much를 '얼마'라고 기억해 두면 좋아요.

→ **How much is this?** 이건 얼마예요?
How much is that? 저건 얼마예요?

 가까운 물건을 가리키면서 가격을 물어볼 때는 **it** 대신 **this**를 넣어 **How much is this?**라고 말하기도 해요. 거리가 조금 떨어져 있는 물건을 가리키며 물어볼 때는 **that**을 넣어 **How much is that?**이라고도 해요.

 오늘 공부하는 표현을 앞에서 공부한 표현과 연결하여 사용할 수 있어요. "저는 이 연필을 원해요, 얼마인가요?"를 **I want this pencil. How much is it?**이라고 말하면 돼요.

Step 2 Learn More

It's six hundred won.

↓

[~입니다 / 600 / 원.]

↓

600원이에요.

가격을 묻는 질문에 대한 대답은 [It's + 숫자(가격) + won.]의 형태로 해요. 즉, It's 600(six hundred) won.처럼요.

→ **It's nine hundred won.** 900원이에요.
It's five thousand won. 오천 원입니다.
It's ten thousand won. 만 원이에요.

 가격을 말할 때 '백(100)'은 **hundred**, '천(1,000)'은 **thousand**를 사용해요. '만(10,000)'은 천이 10개가 모여야 만들어지는 것이므로 **10 thousand**라고 하지요.

 나라마다 사용하는 화폐(돈)의 단위가 달라요. 우리나라는 '원(₩, won)', 미국은 '달러($, dollar)', 유럽은 '유로(€, euro)' 등 서로 다른 단위를 사용해요. 그래서 가격을 넣어 답을 할 때에도 미국에서는 **It's 10 dollars.**, 유럽에서는 **It's 10 euros.** 등으로 대답할 수 있어요. **won**은 불변형으로 가격에 따른 모양의 변화가 없지만, **dollar**나 **euro**는 복수형의 적용을 받아 2 이상의 수와 함께 쓰면 **–s**를 붙여요. **It's 1 dollar. It's 2 dollars.**이렇게요.

WORDS how much 얼마   much 많은, 많이   six 6, 여섯   hundred 100, 백   thousand 1000, 천

앞에서 공부한 표현을 여러 번 써 보고, 듣고 따라 말해 보세요.

1 How much is it?

2 How much is this?

　How much is that?

3 It's six hundred won.

4 It's nine hundred won.

5 It's five thousand won.

6 It's ten thousand won.

Step 4 · Write & Say 　Day 27_02.mp3

대화의 빈칸에 알맞은 표현을 써 보세요. 들으며 답을 확인하고, 따라 말해 보세요.

How _______ is it? (그거 얼마야?)

It's _______ _______ won. (만 원이에요.)

Where is my watch?
물건의 위치 묻고 답하기

Step 1   Key Expression

Where is my watch?

⬇

[어디에 / ~있니 / 나의 / 시계는?]

⬇

내 시계는 어디에 있나요?

내 물건을 어디에 두었는지 몰라서 어디에 있는지를 물어볼 때 [Where is my + 물건?]이라고 해요.

Where is my book? 나의 책은 어디에 있어요?
Where is my cap? 내 모자는 어디에 있나요?

Step 2   Learn More

It's on the table.

⬇

[그것은 ~있다 / ~ 위에 / 그 / 탁자.]

⬇

그건 탁자 위에 있어요.

물건이 어디에 있는지 묻는 질문에 대한 대답은 It's on[in/under] the □.의 형태로 해요. □ 자리에 장소가 되는 명사가 와요.

It's on the box. 그건 상자 위에 있어요.
It's in the box. 그건 상자 안에 있지.
It's under the box. 그건 상자 아래에 있어.

It's on the table.에서 **It**이 가리키는 것은 '시계'예요. 위의 질문에서 시계가 어디 있냐고 물었는데 답을 할 때 '시계'라는 말을 반복해서 사용하지 않기 위해 **It**을 쓴 거예요.

물건이 어디에 있는지 말할 때 단순하게 "여기 있어요." 또는 "저기 있어요."라고 말하는 경우도 많죠.

It's here.   It's over there.
[그것은 ~있어요 / 여기에]   [그것은 ~있어요 / 저쪽에]

WORDS   where 어디에   watch 손목 시계   on 위에   table 테이블, 탁자   in 안에   under ~아래에   box 상자
here 여기에   over there 저쪽에

앞에서 공부한 표현을 여러 번 써 보고, 듣고 따라 말해 보세요.

1 Where is my watch?

2 Where is my book?

3 Where is my cap?

4 It's on the table.

5 It's in the box.

6 It's under the box.

대화의 빈칸에 알맞은 표현을 써 보세요. 들으며 답을 확인하고, 따라 말해 보세요.

______________ is my bag? (내 가방은 어디에 있니?)

It's ____________ the ____________. (그것은 탁자 아래에 있어.)

DAY 25~28

다음 우리말 뜻에 맞는 단어를 찾아 동그라미 친 후 바르게 써 보세요.

1 배

pear

2 아이스크림

3 원하다

4 상자

5 물

6 일곱(7)

7 아래에

8 어디

9 무엇

10 손목 시계

11 탁자

i	c	e	c	r	e	a	m	e
a	p	c	d	w	a	n	t	q
b	f	e	e	k	m	p	r	w
o	g	h	a	l	t	u	s	a
x	j	i	v	r	n	o	u	t
p	s	e	v	e	n	h	n	e
w	z	a	j	k	g	a	d	r
y	w	h	e	r	e	z	e	f
w	x	h	b	b	c	d	r	s
a	e	d	u	a	c	a	t	w
t	f	c	q	n	z	y	x	h
c	h	g	p	n	d	w	v	a
h	i	j	m	o	r	r	u	t
l	t	a	b	l	e	s	e	t
k	t	h	o	u	s	a	n	d

12 백(100)

13 천(1000)

DAY 25~28

A 우리말 뜻을 보고, 빈칸에 알맞은 영어를 <보기>에서 골라 써 보세요.

보기	juice much some many hundred
	under want in Four Where

	우리말 뜻	영어 표현
1	몇 개의 사과가 있니?	How ______________ apples?
2	4개의 사과가 있어요.	______________ apples.
3	너는 무엇을 원하니?	What do you ______________?
4	나는 주스를 원해요.	I want some ______________.
5	나는 물을 좀 원해요.	I want ______________ water.
6	얼마입니까?	How ______________ is it?
7	600원입니다.	It's six ______________ won.
8	내 시계가 어디에 있지?	______________ is my watch?
9	상자 안에 있어요.	It's ______________ the box.
10	탁자 아래에 있어요.	It's ______________ the table.

B 다음 대화를 들으며 빈칸에 알맞은 단어를 넣어 대화를 완성해 보세요. Day 25~28_Sentence Review.mp3

Jay, what do you ______________? (Jay야, 너는 뭘 원하니?)

I ______________ some ice cream. (저는 아이스크림을 먹고 싶어요.)

______________ is it? (얼마니?)

It's one ______________ won. (천 원이에요.)

Okay. Oh, ______________ is my bag? (어, 내 가방이 어디에 있지?)

It's ______________ the table. (탁자 위에 있네요.)

역할극 대본 쓰기

Model Writing 예시글을 소리 내어 읽으며 어떤 내용인지 살펴보아요.

장소	과일가게	등장인물	과일가게 사장님, 엄마, 나
상황	과일가게에 가서 수박을 사는 상황		

대본	
사장님	What do you want?
나	I want a watermelon.
사장님	How many watermelons?
엄마	One, please. How much is it?
사장님	It's 10 thousand won.
엄마	Here you are.
사장님	Thank you.

Write Your Story 위의 예시글을 참고하여 '역할극 대본'을 영어로 써 보세요.

장소		등장인물	
상황			

대본	

Every day
나의 매일

이 챕터를 함께 공부하면...

- 날짜 묻고 답하기
- 날씨 묻고 답하기
- 시각 묻고 답하기
- 시각에 따라 하는 일 말하기

등을 익혀 '나의 하루 일과표'를 만들 수 있어요!

What's the date today?
날짜 묻고 답하기

Step 1 Key Expression

What's the date today?

⬇

[무엇 ~이니 / 그 / 날짜는 / 오늘?]

⬇

오늘이 몇 월 며칠이지?

오늘 날짜를 물어볼 때 date를 넣어서 What's the date today?라고 해요. 비슷한 표현으로는 What date is it?이 있어요. 뒤에 today를 넣어서 What date is it today?라고 해도 자연스러워요.

Step 2 Learn More

It's December 3rd.

⬇

[~이다 / 12월 / 세 번째.]

⬇

12월 3일이에요.

날짜를 말할 때 [It's + 월 + 일.]의 순서로 말해요. 이때 '일'은 순서를 나타내는 서수(1st, 2nd, 3rd, ...)로 말해요. 영어권에서는 '1일'을 첫째 날, '2일'은 둘째 날 등으로 인식하기 때문이에요.

➡

It's **February 2nd.** 2월 2일이에요.
It's **March 26th.** 3월 26일이에요.
It's **April 1st.** 4월 1일이에요.

 '기수'는 **one, two, three**처럼 개수를 나타내는 수를 말해요. '서수'는 순서를 나타내는 말로 **first**(1st), **second**(2nd), **third**(3rd) 등을 말해요. 앞의 예시처럼 **one**(⇨ **first**), **two**(⇨ **second**), **three**(⇨ **third**)는 모양이 완전히 바뀌지만 나머지 수에는 대부분 **-th**를 붙여 서수로 나타낼 수 있으니 크게 어렵지 않아요.

TIPS 요일처럼 각 달도 고유명사이기 때문에 첫 글자는 늘 대문자로 써요.

1월	January	2월	February	3월	March	4월	April
5월	May	6월	June	7월	July	8월	August
9월	September	10월	October	11월	November	12월	December

서수와 열두 달은 5~6학년 영어에서도 나오니 이번엔 가볍게 읽어보고 넘어가도 좋아요.

WORDS date 날짜   first 첫째(의)   second 둘째(의)   third 셋째(의)

앞에서 공부한 표현을 여러 번 써 보고, 듣고 따라 말해 보세요.

1　What's the date today?

2　What date is it today?

3　It's December 3rd.

4　It's February 2nd.

5　It's March 26th.

6　It's April 1st.

대화의 빈칸에 알맞은 표현을 써 보세요. 들으며 답을 확인하고, 따라 말해 보세요.

Juho, what's the ＿＿＿＿＿ today? (주호야, 오늘 며칠이야?)

It's ＿＿＿＿＿ 23rd. (12월 23일이야.)

How is the weather?
날씨 묻고 답하기

Step 1 Key Expression

How is the weather?

↓

[어떠한 / ~이니 / 그 / 날씨는?]

↓

날씨가 어때요?

날씨가 어떤지 물어볼 때 How is the weather?
혹은 How's the weather?이라고 해요. How's는
How is를 줄여 쓴 거예요.

➡ How is the weather **today?** 오늘 날씨는 어때요?
How's the weather **outside?** 밖에 날씨는 어때요?

 주어와 동사로 이루어진 완전한 문장을 만들기 위해 주어의 자리에 뜻이 없는 주어 **it**을 쓴다는 설명을 **What day is it?**을 공부할 때 했었어요. 이렇게 뜻이 없는 **it**은 '요일', '날짜', '날씨'와 더불어 앞으로 배울 '시각' 등을 말할 때에도 쓰인답니다.

Step 2 Learn More

It's sunny.

↓

[~이다 / 화창한.]

↓

화창해요.

날씨가 어떤지 말하는 표현은 It's □.로 간단해요. □ 자리에 날씨를
나타내는 단어를 넣어서 말해요.

➡ It's **cloudy.** 날씨가 흐려요.
It's **hot.** 더워요.
It's **cold.** 추워요.
It's **raining.** 비가 오고 있어요.
It's **snowing.** 눈이 오는 중이에요.

TIPS **raining**과 비슷한 단어로 **rainy**가 있어요. 이 둘의 차이가 무엇일까요? **raining**은 창밖을 보니 '지금 비가 오는 중'일 때 써요. **rainy**는 '비가 오는 날씨나 비가 자주 오는 상태'라는 의미를 담고 있어요. 장마철과 같이 어제도 비가 왔는데 오늘도 날이 어두침침한 게 비가 올 것 같을 때에 도 쓸 수 있는 말이지요. **snowing**과 **snowy**도 비슷한 맥락에서 이해하면 쉬워요.

WORDS   weather 날씨   outside 바깥쪽(에)   sunny 화창한   cloudy 흐린   hot 더운   cold 추운
raining 비가 오는 중인   snowing 눈이 오는 중인   rainy 비가 오는, 비가 올 듯한   snowy 눈이 내리는, 눈이 쌓인

앞에서 공부한 표현을 여러 번 써 보고, 듣고 따라 말해 보세요.

1 How is the weather?

   How's the weather?

2 How is the weather today?

   How's the weather outside?

3 It's sunny.

   It's cloudy.

4 It's hot.

   It's cold.

5 It's raining.

   It's snowing.

6 It's rainy.

   It's snowy.

대화의 빈칸에 알맞은 표현을 써 보세요. 들으며 답을 확인하고, 따라 말해 보세요.

Mom, how's the ________ outside? (엄마, 밖에 날씨 어때요?)

It's ________. (비가 오고 있단다.)

What time is it?
시각 묻고 답하기

Step 1 **Key Expression**

What time is it?

⬇

[무슨 / 시각 / ~이니 / -?]

⬇

몇 시예요?

시각을 물어볼 때 What time is it?이라고 해요. 흔히 '지금'이라는 뜻의 now를 붙여 What time is it now?라고 쓰기도 하지요.

TIPS 비슷한 표현으로 **Do you have the time?**이 있어요. 그대로 해석하면 "(잠시 대화할) 시간 있어요?"일 것 같지만, **time** 앞에 **the**가 붙어서 "몇 시예요?"라는 뜻이 돼요.

Do you have the time? ⇨ Yes, it's five.

이렇게 대화할 수 있어요. 영어권 나라의 실생활에서 많이 쓰이는 표현이니 알아두면 좋겠지요.

Step 2 **Learn More**

It's eleven thirty.

⬇

[~이다 / 11시 / 30분.]

⬇

11시 30분이에요.

시각을 말하는 표현은 It's □.로 간단해요. □ 자리에 현재 시각을 나타내는 '시 + 분'을 순서대로 넣어요.

➡ It's **one forty**. 1시 40분이야.
It's **three ten**. 3시 10분이야.
It's **four fifty**. 4시 50분이야.
It's **nine twenty**. 9시 20분이야.

 시각을 읽을 때는 11:30에서 :을 기준으로 앞의 수(시)와 뒤의 수(분)를 순서대로 읽어요. 그래서 11시 30분이면 **eleven thirty**가 되는 거죠. 2시 50분이면 **two fifty**가 되고, 5:10이면 **five ten**이 되겠죠.

WORDS now 지금   eleven 11, 열하나   twenty 20, 스물   thirty 30, 서른   forty 40, 마흔   fifty 50, 쉰

Step 3 Write & Repeat

Day 31_01.mp3

앞에서 공부한 표현을 여러 번 써 보고, 듣고 따라 말해 보세요. 마지막에는 여러분이 공부하고 있는 지금 시각을 넣어 문장을 완성하고 말해 보세요.

1 What time is it?

2 What time is it now?

3 It's eleven thirty.

4 It's one forty.

It's three ten.

5 It's four fifty.

It's nine twenty.

6 It's

Step 4 Write & Say

Day 31_02.mp3

대화의 빈칸에 알맞은 표현을 써 보세요. 들으며 답을 확인하고, 따라 말해 보세요.

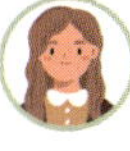

_____ _____ is it now? (지금 몇 시니?)

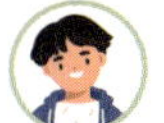

It's _____ _____. (9시 30분이야.)

It's five o'clock.
시각에 따라 하는 일 말하기

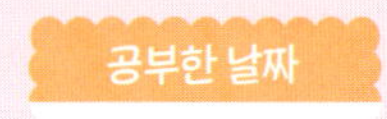

Step 1 Key Expression

It's five o'clock.

[~이다 / 다섯 / 정각]

5시 정각이에요.

시각을 말할 때 '분'이 없는 정각을 말하는 표현은 It's □ o'clock.이에요. □ 자리에 시각을 나타내는 수를 넣어요. 간단하게는 It's □.라고 해도 좋아요.

It's **two** o'clock. 2시 정각이야.
It's **three**. 3시야.
It's **twelve**. 12시야.

TIPS "얘들아, 내일 7시에 보자."라고 말할 경우, 오전 7시인지 오후 7시인지 혼선이 있을 수 있겠죠. 그래서 우리는 보다 명확한 시각을 말하기 위해 오전과 오후를 붙여 말하기도 해요. 영어에서도 마찬가지예요. **a.m./A.M.**은 자정(0시)부터 정오(낮 12시)까지의 시간을, **p.m./P.M.**은 정오부터 자정까지의 시간을 말해요.

A.M.(오전)		P.M.(오후)	
0시	낮 12시 (정오)		밤 12시(자정)
It's seven a.m.		It's seven p.m.	

Step 2 Learn More

It's time for bed.

[~이다 / 시간 / ~을 위한 / 침대.]

잘 시간이에요.

시각에 따라 해야 할 활동이 있을 때 우리는 보통 '~할 시간이야'라고 말하죠. 영어로는 It's time for □.라고 해요. □ 자리에 bed를 넣으면 '잘 시간', school을 넣으면 '학교 갈 시간'이 돼요.

It's time for **school**. 학교 갈 시간이야.
It's time for **breakfast**. 아침 먹을 시간이야.
It's time for **lunch**. 점심 먹을 시간이야.
It's time for **dinner**. 저녁 먹을 시간이야.

WORDS o'clock 정각 twelve 12, 열둘 a.m./A.M. 오전 p.m./P.M. 오후 for ~을 위한 bed 침대
breakfast 아침 식사 lunch 점심 식사 dinner 저녁 식사

앞에서 공부한 표현을 여러 번 써 보고, 듣고 따라 말해 보세요.

1   It's five o'clock.

It's two o'clock.

2   It's three.

It's twelve.

3   It's seven a.m.

It's seven p.m.

4   It's time for bed.

It's time for school.

5   It's time for breakfast.

6   It's time for lunch.

It's time for dinner.

Step 4   Write & Say   Day 32_02.mp3

대화의 빈칸에 알맞은 표현을 써 보세요. 들으며 답을 확인하고, 따라 말해 보세요.

8 o'clock? It's __________ for __________ . (학교 갈 시간이네.)

Oh, right.

DAY 29~32

A 사다리를 타고 내려가 완성된 단어를 써 보세요.

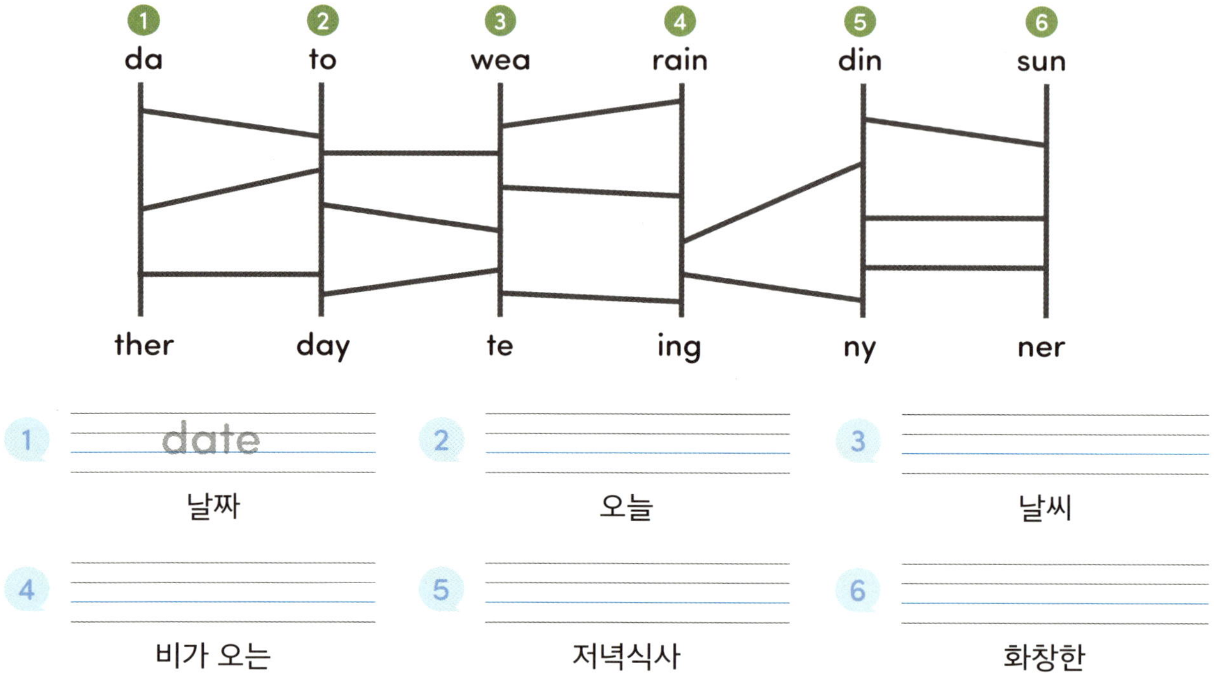

1 date
날짜

2
오늘

3
날씨

4
비가 오는

5
저녁식사

6
화창한

B 사다리를 타고 내려가 완성된 어구를 써 보세요.

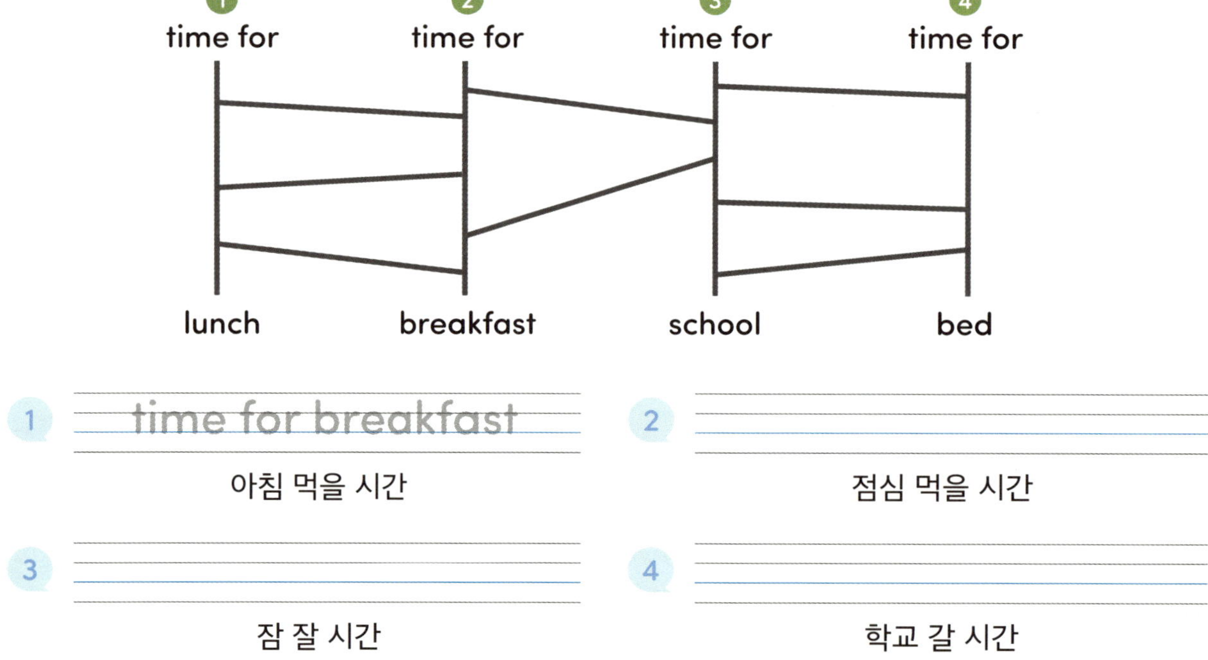

1 time for breakfast
아침 먹을 시간

2
점심 먹을 시간

3
잠 잘 시간

4
학교 갈 시간

DAY 29~32

A 우리말 뜻을 보고, 빈칸에 알맞은 영어를 <보기>에서 골라 써 보세요.

보기	What time eleven weather date March snowing twelve cloudy lunch bed

	우리말 뜻	영어 표현
1	오늘이 몇 월 며칠이니?	What's the ______________ today?
2	3월 26일이야.	It's ______________ 26th.
3	오늘 날씨가 어때요?	How is the ______________ today?
4	눈이 오고 있어.	It's ______________.
5	날씨가 흐리네.	It's ______________.
6	지금 몇 시니?	______________ ______________ is it now?
7	11시 30분이야.	It's ______________ thirty.
8	12시 정각이야.	It's ______________ o'clock.
9	점심 먹을 시간이야.	It's time for ______________.
10	잠 잘 시간이야.	It's time for ______________.

B 다음 대화를 들으며 빈칸에 알맞은 단어를 넣어 대화를 완성해 보세요.   🎧 Day 29~32_Sentence Review.mp3

Mom, ______________ ______________ is it? (엄마, 몇 시예요?)

It's 8 o'clock. It's ______________ for ______________. (아침 먹을 시간이야.)

Okay.

Hurry up, Jake. It's time for ______________! (학교에 갈 시간이야!)

Yes, mom. How's the ______________ today? (오늘 날씨는 어때요?)

It's ______________. (비가 오고 있어.) Take your umbrella.

Thanks, mom.

나의 하루 일과표 만들기

 예시글을 소리 내어 읽으며 어떤 내용인지 살펴보아요.

날짜 & 요일	March 3rd, Tuesday	날씨	Sunny

시각	이 시각에 할 일
8:00 A.M.	It's time for breakfast.
8:30 A.M.	It's time for school.
12:30 P.M.	It's time for lunch.
6:30 P.M.	It's time for dinner.
8:00 P.M.	It's time for homework.
10:00 P.M.	It's time for bed.

 위의 예시글을 참고하여 '나의 하루 일과표'를 영어로 만들어 보세요.

날짜 & 요일		날씨	

시각	이 시각에 할 일

A Dear Person

소중한 사람

이 챕터를 함께 공부하면...

- 안부 묻고 답하기
- 감정이나 상태 묻고 답하기
- 사과하기
- 감사 표현하기

등을 익혀 '좋아하는 사람에게 편지'를 쓸 수 있어요!

How are you?
안부 묻고 답하기

Step 1 Key Expression

How are you?

⬇

[어떻게 / ~있니 / 너는?]

⬇

어떻게 지내요?

"어떻게 지내?", "잘 지냈어?"처럼 질문하는 형태로도
인사를 건넬 수 있어요.

➡ How are you **today?** 오늘은 좀 어때?
How are you **doing?** 어떻게 지내?
How are you **doing today?** 오늘은 좀 어때?

 **How are you**?는 가장 기본적이고 일반적인 인사말로, 누구에게나 쓸 수 있는 표현이에요. 그에 비해 **How are you doing**?은 조금
더 일상적이고 친근한 느낌을 주는 표현으로, 친한 친구나 가족에게 자주 사용해요.

TIPS **How are you**?는 **Hello**.와 비슷한 느낌의 인사말이에요. 때로는 두 가지를 덧붙여 **Hello. How are you**?라고도 해요.

Step 2 Learn More

I'm fine.

⬇

[나는 ~이다 / 괜찮은.]

⬇

잘 지내요.

How are you?에 대한 대답은 비교적 간단해요. 대표적으로 많이
사용하는 대답을 연습해 보아요. I'm은 넣어도 좋고, 넣지 않고
말해도 좋아요.

➡ **I'm great.** 아주 잘 지내.
I'm all right. 난 다 좋아.
Not bad. 뭐, 나쁘지 않아./별일 없지.
Excellent. 엄청 좋아.
Fantastic. 기가 막히게 잘 지내.

TIPS 질문 형태로 인사(**Hi, how are you**?)를 받았을 때는 답(**Great.**)만 하고 끝내지 말고, 상대방에게도 안부를 붙는 인사(**How are you**?)를
그대로 돌려줘야 해요. **How are you**?를 반복하고 싶지 않다면 **How about you**?(너는 어때?)라고 물어봐도 좋아요.

WORDS fine 좋은, 건강한   all 모든, 다   right 옳은, 올바른   all right 괜찮은, 무사한   bad 안 좋은, 나쁜
excellent 훌륭한, 아주 좋은   fantastic 기가 막히게 좋은, 환상적인

앞에서 공부한 표현을 여러 번 써 보고, 듣고 따라 말해 보세요. 마지막에는 여러분의 컨디션을 넣어 묻고
답하는 문장을 완성하고 말해 보세요.

1 How are you?

   How are you today?

2 How are you doing?

   How are you doing today?

3 I'm fine.

   I'm great.

4 I'm all right.

   Not bad.

5 Excellent.

   Fantastic.

6 How are you?

   I'm

대화의 빈칸에 알맞은 표현을 써 보세요. 들으며 답을 확인하고, 따라 말해 보세요.

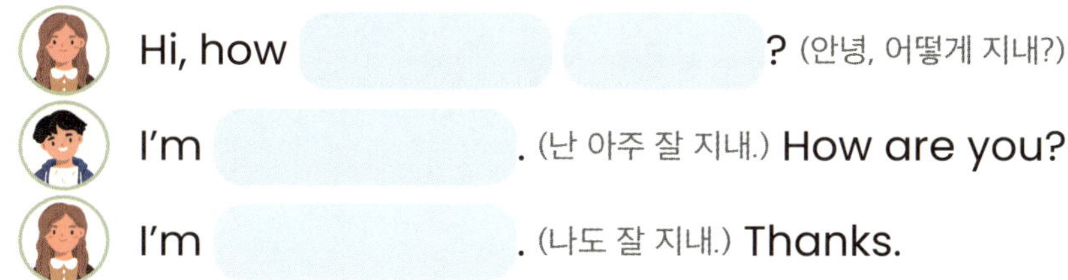

Hi, how   ? (안녕, 어떻게 지내?)

I'm   . (난 아주 잘 지내.) How are you?

I'm   . (나도 잘 지내.) Thanks.

Are you okay?

감정이나 상태 묻고 답하기

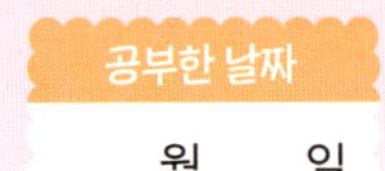

Step 1 Key Expression

Are you okay?

[~이니 / 너는 / 괜찮은?]

괜찮니?

친구의 건강이나 감정 등이 걱정되거나 궁금할 때 Are you □?라고 물어볼 수 있어요. □ 자리에는 감정이나 상태를 나타내는 단어를 넣지요.

Are you **hungry?** 배고프니?
Are you **thirsty?** 목마르니?

Are you □?에 대한 대답은 **Yes**와 **No**로 할 수 있어요.

긍정	Yes, I am (okay). [응 / 나는 / 그래.]	부정	No, I'm not (okay). [아니 / 나는 / 아니야.]

No, I am not.을 쓸 때는 **I**와 **am**을 줄여서 **I'm not**으로 써요. **am**과 **not**은 줄여서 말하지 않아요.

Step 2 Learn More

I'm okay.

[나는 ~이다 / 괜찮은.]

난 괜찮아.

나의 감정이나 상태를 표현할 때 I'm □.라고 말해요. □ 자리에는 감정이나 상태를 설명하는 단어를 넣으면 되지요. '~하지 않다'라는 반대의 뜻을 전하고 싶다면 I'm 뒤에 not을 넣어요.

I'm tired. 난 피곤해.
I'm not tired. 난 피곤하지 않아.
I'm happy. 저는 행복해요.
I'm not happy. 저는 행복하지 않아요.

TIPS Are you okay?라는 질문을 들었을 때 단순히 **Yes**나 **No**로 대답하기보다는 현재 자신의 감정이나 상태를 나타내는 단어까지 넣어 문장을 완성해서 말하면 더욱 자연스러운 대화를 할 수 있어요. 예를 들어 **No, I'm not okay. I'm tired.**(아니, 난 괜찮지 않아. 피곤해.)처럼요.

WORDS okay 괜찮은   hungry 배고픈   thirsty 목이 마른   tired 피곤한   happy 행복한

앞에서 공부한 표현을 여러 번 써 보고, 듣고 따라 말해 보세요. 마지막에는 여러분의 감정이나 상태를
넣어 문장을 완성하고 말해 보세요.

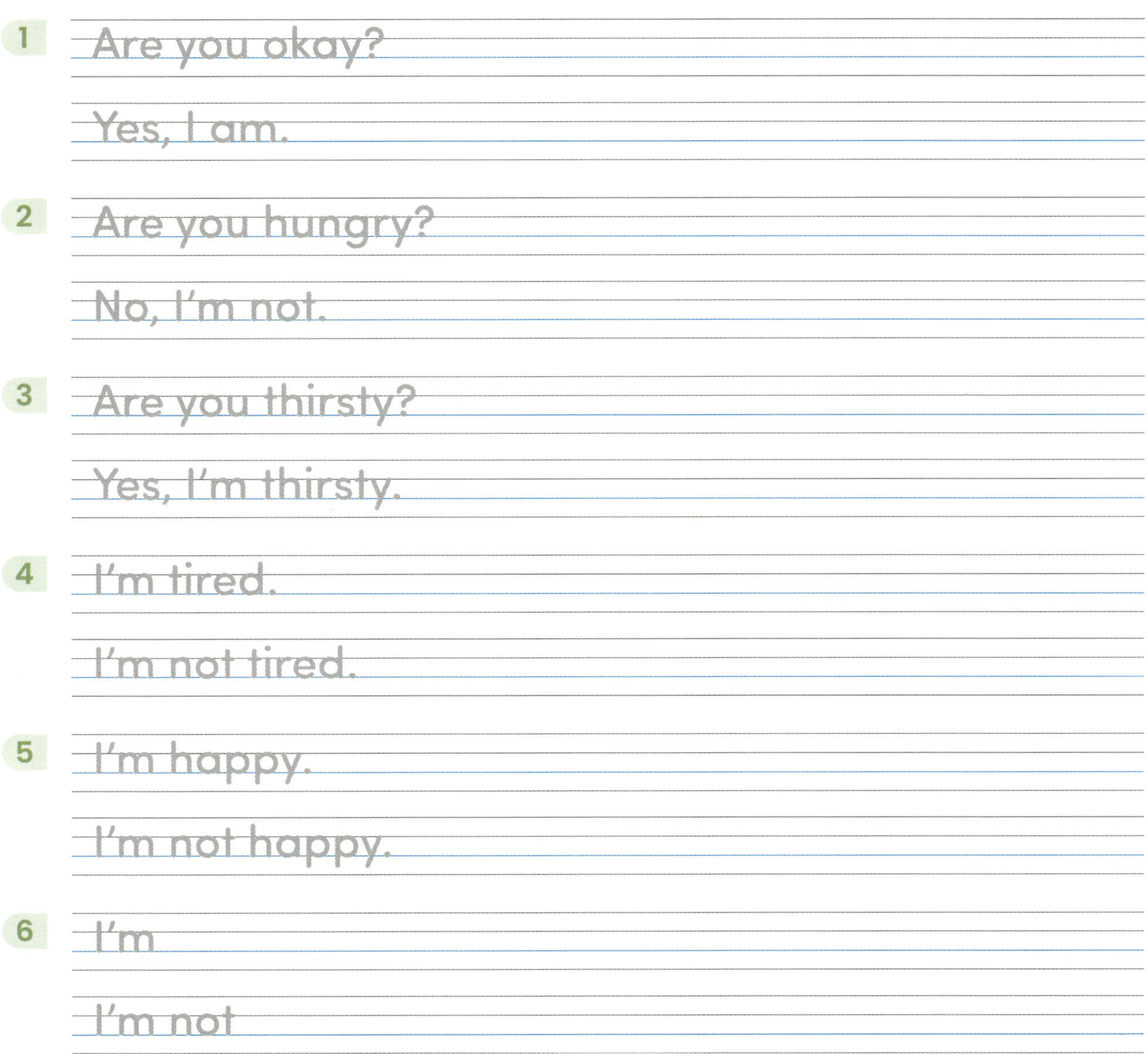

1 Are you okay?

   Yes, I am.

2 Are you hungry?

   No, I'm not.

3 Are you thirsty?

   Yes, I'm thirsty.

4 I'm tired.

   I'm not tired.

5 I'm happy.

   I'm not happy.

6 I'm

   I'm not

대화의 빈칸에 알맞은 표현을 써 보세요. 들으며 답을 확인하고, 따라 말해 보세요.

Are you   ? (괜찮아?)

No, I'm   . (아니.) I'm   . (나 피곤해.)

I am sorry.
사과하기

Step 1 Key Expression

I am sorry.

⬇

[나는 / ~이다 / 미안한.]

⬇

미안해.

상대방에게 미안하다고 말할 때 I am sorry.라고 해요. 줄여서 I'm sorry.라고 하지요. sorry 앞에 so를 넣어 미안한 마음을 강조하여 I'm so sorry.라고 말할 수도 있어요.

 **I'm sorry.**보다 정중하게 사과를 하고 싶을 때는 **I apologize.**라고 말해요. "마음이 불편하네요."라는 의미의 **I feel so bad.**도 많이 사용하는 사과 표현이랍니다.

TIPS **I'm sorry.**는 "미안해."라는 의미와 함께 "그거 참 안됐네."라는 뜻으로도 많이 쓰여요. 상대방이 좋지 않은 상황일 때 위로하는 표현이지요. "어떡해, 안됐다.", "정말 안타까워.", "나도 속상하네." 등의 의미로 **That's too bad.**와 같이 쓴다는 것도 알아두면 좋아요.

Step 2 Learn More

That's okay.

⬇

[그것은 ~이다 / 괜찮은.]

⬇

괜찮아.

상대방이 나에게 사과했을 때 '괜찮다'는 대답으로 흔히 쓰는 표현은 That's okay.예요. It's okay.도 같은 표현이에요.

TIPS 원어민들이 실제로 많이 쓰는 몇 가지 대답을 더 알아보아요.
① **No problem.** "별 문제 아니야."라는 뜻이에요.
② **No worries.** "걱정하지 마."라는 뜻으로, 마음쓰지 않아도 된다는 의미를 담았죠.
사과를 했을 때 상대방이 이렇게 받아준다면 한결 마음이 가벼워질 것 같네요.

WORDS　apologize 사과하다　feel (느낌이) 들다, 느끼다　problem 문제　worry 걱정

앞에서 공부한 표현을 여러 번 써 보고, 듣고 따라 말해 보세요.

1 I am sorry.

I'm sorry.

2 I'm so sorry.

I apologize.

3 I feel so bad.

4 That's too bad.

5 That's okay.

It's okay.

6 No problem.

No worries.

Step 4   **Write & Say**   Day **35_02**.mp3

대화의 빈칸에 알맞은 표현을 써 보세요. 들으며 답을 확인하고, 따라 말해 보세요.

 I'm ____________. (미안해.)

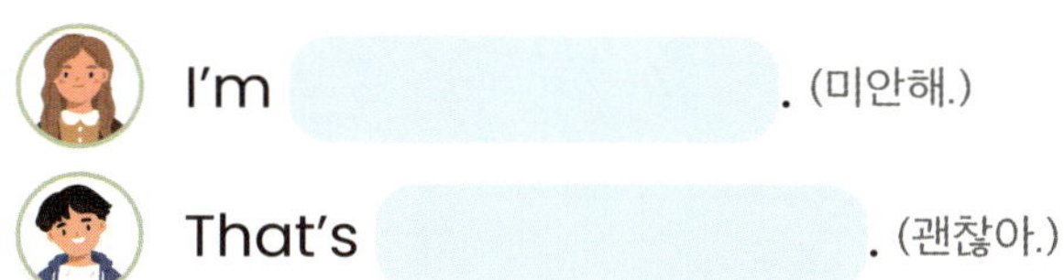 That's ____________. (괜찮아.)

Thank you.
감사 표현하기

Step 1　Key Expression

Thank you.

⬇

[감사하다 / 당신에게]

⬇

감사합니다.

감사의 마음을 표현하는 대표적인 말은 Thank you.지요. 대단히 고마운 마음을 전할 때는 뒤에 so much나 a lot을 붙이기도 해요. 약간씩 변형된 표현을 살펴보아요.

Thank you **so much.** 정말 감사합니다.
Thanks. 고마워.
Thanks **a lot.** 엄청 고마워.

 **Thank you.**는 누구에게나 쓸 수 있는 표현이지만 **Thanks.**보다 조금 더 격식을 차린 느낌이 담겨 있어요. 그래서 친한 사이에서는 **Thanks.**를 많이 써요. **I appreciate it.**이라는 표현도 있는데, 이는 **Thank you.**보다 더욱 정중한 표현으로 "대단히 감사합니다." 정도로 이해하면 좋아요.

Step 2　Learn More

You're welcome.

⬇

[당신은 ~이다 / 환영받는.]

⬇

천만에요.

상대방이 감사의 마음을 표현했을 때 할 수 있는 대표적인 응답은 You're welcome.이에요. welcome은 '환영받는' 이라는 뜻인데, "너는 (어떤 걸 부탁해도) 환영받아."라는 의미를 담고 있어요. 즉, "언제든지 물어봐/부탁해/다 들 어줄게."라는 말이죠.

TIPS 누군가가 나에게 고맙다고 했을 때 어떻게 대답하면 좋을까요? 원어민들이 많이 쓰는 몇 가지 방법을 알아보아요.
① **My pleasure.** "나의 기쁨인 걸."이라는 뜻으로, 너를 도와줘서 내가 기뻤다는 말이에요. 정말 멋진 표현이지요.
② **Anytime.** "언제든지 말해. 또 도와줄게."라는 의미예요.
③ **No problem.** "별 문제도 아닌데, 뭘."이라는 의미를 담고 있어요. 그렇게 고마워할 일 아니라는 겸손의 표현이지요.
④ **No worries.** "마음쓰지 마."라는 뜻이에요. 부담 갖지 않아도 된다는 배려의 뜻을 담았죠.
③, ④의 표현은 사과에 대한 응답으로도 익혔던 표현이에요.

WORDS　thank 감사하다, 고마워하다　so much 너무 많이　a lot 많이　appreciate 고마워하다, 인정하다
welcome 반가운, 환영받는　pleasure 기쁨, 기쁜 일　anytime 언제든지, 언제나

앞에서 공부한 표현을 여러 번 써 보고, 듣고 따라 말해 보세요.

1 Thank you.

   Thank you so much.

2 Thanks.

   Thanks a lot.

3 I appreciate it.

4 You're welcome.

5 My pleasure.

   Anytime.

6 No problem.

   No worries.

대화의 빈칸에 알맞은 표현을 써 보세요. 들으며 답을 확인하고, 따라 말해 보세요.

_______________________________, Joel. (고마워, Joel.)

You're _________________. (천만에.)

Word Review

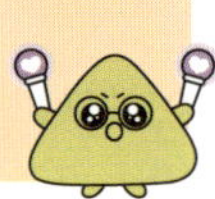

DAY 33~36

다음 힌트를 보고, 빈칸에 철자를 넣어 단어를 완성해 보세요.

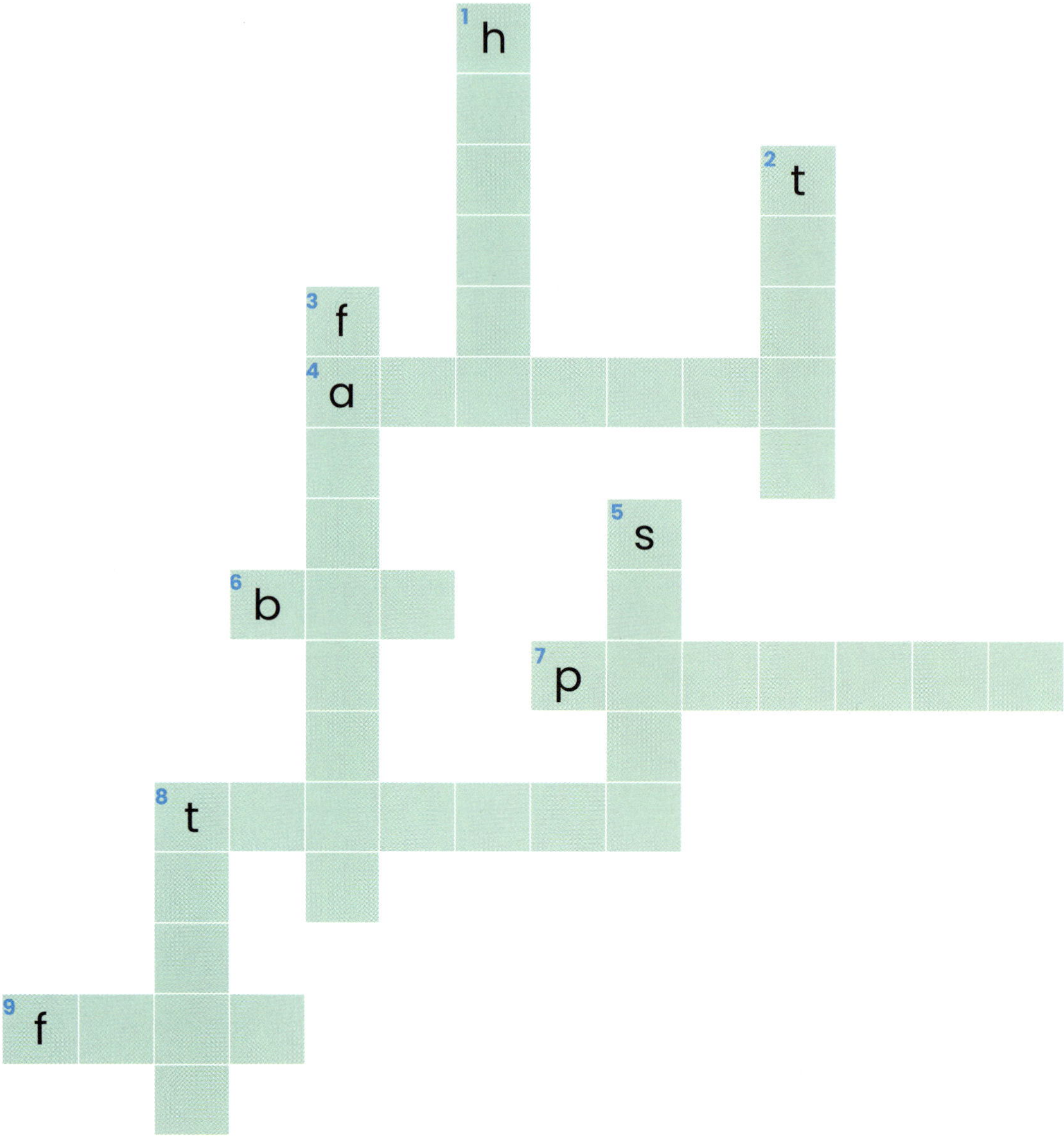

가로

4. 언제든지, 언제나 A__________!

6. 나쁜, 안 좋은 That's too b__________.

7. 문제 No p__________.

8. 목이 마른 I want some water. I'm t__________.

9. 좋은, 건강한 I'm f__________.

세로

1. 배고픈 I want some food. I'm h__________.

2. 피곤한 Are you t__________?

3. 기가 막히게 좋은, 환상적인 How are you? F__________!

5. 미안한 I'm s__________.

8. 감사하다 T__________ you.

DAY 33~36

A 우리말 뜻을 보고, 빈칸에 알맞은 영어를 <보기>에서 골라 써 보세요.

보기
Thank   pleasure   How   hungry   you
tired   sorry   okay   I'm   great

	우리말 뜻	영어 표현
1	잘 지내니?	______________ are you?
2	난 잘 지내, 고마워.	______________ fine, thanks.
3	난 아주 잘 지내.	I'm ______________.
4	너는 괜찮니?	Are ______________ okay?
5	나는 피곤해.	I'm ______________.
6	나는 배가 고프지 않아요.	I'm not ______________.
7	정말 미안해.	I'm so ______________.
8	괜찮아.	That's ______________.
9	감사합니다.	______________ you.
10	나의 기쁨인 걸.	My ______________.

B 다음 대화를 들으며 빈칸에 알맞은 단어를 넣어 대화를 완성해 보세요. Day 33~36_Sentence Review.mp3

Hello! ______________ are ______________? (어떻게 지내니?)

I'm ______________. (나는 괜찮아.) How are you?

I'm ______________ good. (나는 좋지 않아.)

Are you ______________? (피곤하니?)

______________, I am. (응, 맞아.) I'm so tired.

좋아하는 사람에게 편지 쓰기

  예시글을 소리 내어 읽으며 어떤 내용인지 살펴보아요.

Dear Mom,

Hello, Mom!
How are you? I'm fine.
You are kind and beautiful.
You have pretty eyes, too.

I can't help you much.
I'm sorry.
But thank you for everything.
I love you, mom.

Love,
Elena

TIPS dear는 '사랑하는', '소중한'이라는 뜻이에요. 편지를 쓸 때 **Dear** ○○라고 하면, '사랑하는 ○○에게(께)'라는 뜻으로, 친근하고 사랑스러운 의미를 담을 수 있어요. 마무리할 때는 '사랑하는 ○○로부터'라는 의미로 [**Love**, + 편지 쓴 사람 이름] 넣어요.

  위의 예시글을 참고하여 '좋아하는 사람에게 편지'를 영어로 써 보세요.

정답 및 해석

No, I don't. I don't have a notebook.
아니, 없어. 난 공책 안 가지고 있어.

DAY **07** p.33

Step 4 **Write & Say**

What color is it? 그건 무슨 색이니?
It's white. 하얀색이야.

DAY **08**

Step 4 **Write & Say**

Look at this flower! 이 꽃 좀 봐!
Wow, it's beautiful. 와, 아름답다.

Word Review ⋯⋯⋯⋯⋯⋯⋯⋯⋯⋯⋯ p.36

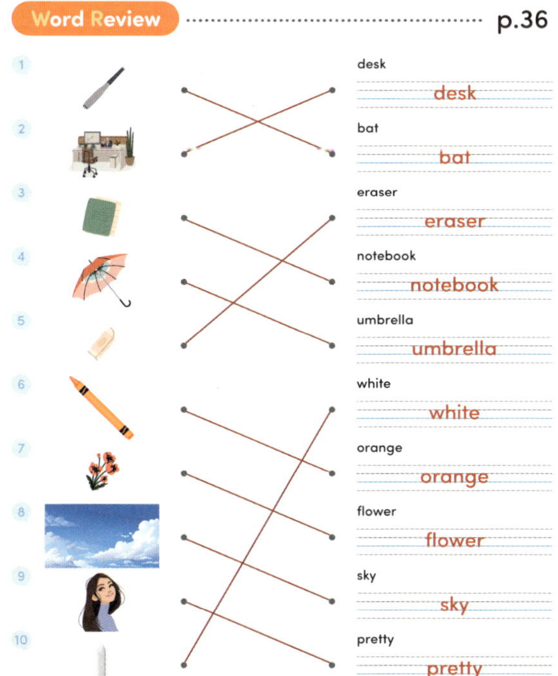

Sentence Review ⋯⋯⋯⋯⋯⋯⋯⋯ p.37

A

1. this
2. bag
3. ball
4. pencil
5. don't have
6. yellow
7. green
8. Look
9. beautiful
10. amazing

B

Look at this eraser! 이 지우개 좀 봐!

Wow, it's pretty. What is that?
와, 예쁘네. 저건 뭐야?

It's a pencil. Do you have a pencil?
그것은 연필이야. 너 연필 있어?

Yes, I do. I have a pencil. 응, 있어. 나 연필 있어.

What color is it? 무슨 색이야?

It's green. 초록색이야.

Real Writing ⋯⋯⋯⋯⋯⋯⋯⋯⋯⋯ p.38

Model Writing

<My Pencil Case> 내 필통

Look at this! 이것 좀 봐!

This is my pencil case. 이게 내 필통이야.

It's green. 초록색이야.

(필통을 열어 보여주며)

I have two pencils and one eraser.
연필 두 개랑 지우개 하나가 있어.

I don't have a ruler. 자는 없어.

Chapter **3**

My Pet
나의 반려동물

DAY **09**

Step 4 **Write & Say**

This is my puppy. Is this your hamster?
이것은 나의 강아지야. 이건 네 햄스터니?

Yes, it is. It's my hamster. 응, 맞아. 그건 내 햄스터야.

DAY **10**

Step 4 **Write & Say**

My dog is big and slow. 내 개는 크고 느려.

My cat is big but cute. 내 고양이는 크지만 귀여워.

Step 4 **Write & Say**

This is my pet. Its name is Coco.
여기가 내 반려동물이야. 그것의 이름은 Coco야.

Oh, it's so cute. 오, 너무 귀엽다.

Step 4 **Write & Say**

Nice to meet you. 만나서 반가워.

Nice to meet you, too. See you tomorrow.
나도 만나서 반가워. 내일 봐.

1	sm — ppy	puppy
2	pu — all	small
3	cu — st	fast
4	fa — ter	hamster
5	hams — te	cute
6	me — et	meet
7	ni — rrow	tomorrow
8	tomo — ce	nice
9	h — ts	its
10	i — er	her

A

1. This
2. my puppy
3. cute
4. big
5. small and fast
6. Its
7. Her
8. name
9. meet
10. See you

B

Hello! This is my cat, Bella.
안녕! 이게 내 고양이 Bella야.

(고양이를 보며) Nice to meet you, Bella.
만나서 반가워, Bella야.

(친구를 보며) It's so cute. 엄청 귀엽네.

Thank you. 고마워.

(시계를 보며) Oh, I'm late. See you next time.
오, 나 늦었어. 다음에 봐.

Okay. Goodbye. 그래. 안녕.

Model Writing

1. Hello, Mina! 안녕, 미나야!
   Hi, Juho! 안녕, 주호야!

2. This is my pet, Sugar. 여기 내 반려동물 Sugar야.
   Oh, nice to meet you, Sugar.
   오, 만나서 반가워, Sugar야.

3. What's its name? 얘 이름이 뭐야?
   Its name is Salt. 얘 이름은 Salt야.

4. Nice to meet you, Salt. Salt is small and cute.
   만나서 반가워, Salt야. Salt가 작고 귀엽네.
   Sugar is pretty, too. Sugar도 예뻐.

Chapter 4

My Family
나의 가족

Step 4 **Write & Say**

Who is she? 그녀는 누구니?

She is my sister. 그녀는 내 여동생이야.

Step 4 **Write & Say**

What does she do? 그녀는 무슨 일을 하니?

She is a zookeeper. 그녀는 사육사야.

DAY 15 p.57

Step 4 **Write & Say**

Wow, he is handsome! 와, 그는 잘생겼네요!
Yes. He is nice, too. 맞아요, 그는 성격도 좋아요.

DAY 16 p.59

Step 4 **Write & Say**

Oh, her eyes are pretty. 오, 그녀의 눈이 예쁘네.
Yes, she has pretty eyes.
맞아, 그녀는 예쁜 눈을 가지고 있어.

Word Review p.60

1. who	2. he	3. mom
4. brother	5. dad	6. kind
7. long	8. teacher	9. zookeeper
10. tall	11. eye	12. finger

Sentence Review p.61

A

1. Who	2. my dad
3. she	4. teacher
5. nice	6. lovely
7. handsome	8. Her fingers
9. mouth	10. pretty eyes

B

Who is she? 그녀는 누구니?
She is my mom. 우리 엄마야.
What does she do? 그녀는 무슨 일을 하셔?
She is a zookeeper. 그녀는 사육사야.
She is tall. 키가 크시구나.
Yes. She is kind, too. 맞아. 친절하시기도 해.

Real Writing p.62

Model Writing

This is my dad. 이분이 우리 아빠야.
He is very kind. 그는 아주 친절하셔.
He is a firefighter. 아빠는 소방관이셔.
He is handsome. 아빠는 잘생겼어.
He loves me. 아빠는 날 사랑해.
His eyes are big. 아빠 눈은 커.

Chapter 5

My Day
나의 하루

DAY 17 p.65

Step 4 **Write & Say**

What day is it today? 오늘은 무슨 요일이니?
It's Friday. 금요일이야.

DAY 18 p.67

Step 4 **Write & Say**

I have an English class today.
나는 오늘 영어 수업이 있어.

Oh, I have a piano lesson after school.
오, 난 방과 후에 피아노 레슨이 있는데.

DAY 19 p.69

Step 4 **Write & Say**

I like fishing with my dad.
나는 아빠랑 낚시하는 걸 좋아해.

I like reading books. 나는 책 읽는 것을 좋아해.

DAY 20 p.71

Step 4 **Write & Say**

It's exciting. How about you? 정말 신나. 넌 어때?

It's boring. 지루해.

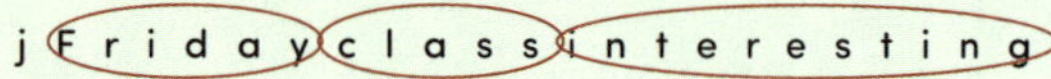

1. English   2. today   3. lesson

4. exciting   5. soccer   6. read

7. Tuesday   8. piano   9. boring

10. class   11. interesting   12. Friday

A

1. What day   2. Monday

3. English class   4. lesson

5. today   6. singing

7. playing soccer   8. exciting

9. interesting   10. boring

B

What day is it today? 오늘 무슨 요일이니?

It's Thursday. I have a piano lesson today.
목요일이야. 나 오늘 피아노 레슨 있어.

I have a soccer lesson after school.
나는 방과 후에 축구 레슨이 있는데.

Do you like soccer? 너 축구 좋아해?

Yes, I do. I like playing soccer.
응, 좋아해. 나는 축구하는 걸 좋아해.

That's good. 좋네.

Model Writing

요일	일정	생각 / 감정
Monday 월요일	I have a piano lesson. 나는 피아노 레슨이 있어.	It is boring. 지루해.
Tuesday 화요일	I have an English class. 나는 영어 수업이 있어.	It is interesting. 흥미로워.
Wednesday 수요일	I have a computer class. 나는 컴퓨터 수업이 있어.	It's exciting. 신나.
Thursday 목요일	I have a Korean class. 나는 국어 수업이 있어.	It's not fun. 재미없어.
Friday 금요일	I have a soccer lesson. 나는 축구 레슨이 있어.	I like playing soccer. 나는 축구하는 걸 좋아해. It's so fun. 아주 재미있어.

Chapter 6

Hey, Friend!
안녕, 친구야!

Step 4 **Write & Say**

Close the door, please. 문 좀 닫아 주세요.

Okay. 네.

Step 4 **Write & Say**

Can you sing? 너 노래할 수 있니?

No, I can't. I can play the piano.
아니, 못해. 난 피아노는 칠 수 있어.

Step 4 **Write & Say**

What are you doing? 너 뭐하고 있어?

I'm doing homework. 나는 숙제를 하고 있어.

DAY 24 ·············· p.83

Step 4 **Write & Say**

Let's play soccer. 우리 축구하자.

Sounds great! 아주 좋아!

Word Review ·············· p.84

1. O	2. X, sit	3. O
4. X, sing	5. O	6. O
7. O	8. X, touch	9. O
10. X, sure	11. O	12. O

Sentence Review ·············· p.85

A

1. Sit	2. door
3. Don't	4. swim
5. No	6. the piano
7. doing	8. studying
9. Let's	10. good

B

What are you doing? 너 뭐하고 있어?

I'm playing the piano. 피아노 치고 있어.

Let's play badminton. 우리 배드민턴 치자.

Sounds great. 너무 좋지.

Let's meet at the park now. Hurry up, please. 지금 공원에서 만나자. 서둘러 줘.

Okay. 알았어.

Real Writing ·············· p.86

Model Writing

Hi, Jisu. 안녕, 지수야.

Hi, Subin. 안녕, 수빈아.

What are you doing? 뭐하고 있어?

I'm studying English. 나 영어 공부하고 있어.

Let's play soccer. 우리 축구하자.

Sounds good. 좋지.

Let's meet at school now. 지금 학교에서 만나자.

Sure! 좋아!

Hurry up, please. 서둘러줘.

Okay. See you! 알았어. 이따 봐!

Chapter 7

At a Market
시장에서

DAY 25 ·············· p.89

Step 4 **Write & Say**

How many apples? 사과가 몇 개 있니?

Ten apples. 사과가 열 개 있어.

DAY 26 ·············· p.91

Step 4 **Write & Say**

What do you want, Lisa? Lisa야, 뭘 원하니?

I want some water. 나는 물을 좀 원해요.

DAY 27 ·············· p.93

Step 4 **Write & Say**

How much is it? 그거 얼마야?

It's ten thousand won. 만 원이에요.

DAY 28 ·············· p.95

Step 4 **Write & Say**

Where is my bag? 내 가방은 어디에 있니?

It's under the table. 그것은 탁자 아래에 있어.

Word Review ·············· p.96

1. pear	2. ice cream	3. want
4. box	5. water	6. seven
7. under	8. where	9. what
10. watch	11. table	12. hundred
13. thousand		

엄마: One, please. How much is it?
하나요. 얼마예요?

사장님: It's 10 thousand won. 만 원이에요.

엄마: Here you are. 여기요.

사장님: Thank you. 감사합니다.

Chapter 8

Every day
나의 매일

A

1. many
2. Four
3. want
4. juice
5. some
6. much
7. hundred
8. Where
9. in
10. under

B

Jay, what do you want? Jay야, 넌 뭘 원하니?

I want some ice cream.
저는 아이스크림 먹고 싶어요.

How much is it? 얼마니?

It's one thousand won. 천 원이에요.

Okay. Oh, where is my bag?
알았어. 어, 내 가방이 어디에 있지?

It's on the table. 탁자 위에 있네요.

Model Writing

사장님: What do you want? 뭘 원하세요?

나: I want a watermelon. 수박 주세요.

사장님: How many watermelons? 수박 몇 개요?

A

1. date   2. today   3. weather
4. raining   5. dinner   6. sunny

B

1. time for breakfast   2. time for lunch
3. time for bed   4. time for school

A

1. date   2. March
3. weather   4. snowing
5. cloudy   6. What time
7. eleven   8. twelve
9. lunch   10. bed

B

Mom, what time is it? 엄마, 몇 시예요?

It's 8 o'clock. It's time for breakfast.
8시 정각이야. 아침 먹을 시간이야.

Okay. 알았어요.

Hurry up, Jake. It's time for school!
서둘러, Jake. 학교에 갈 시간이야!

Yes, mom. How's the weather today?
네, 엄마. 오늘 날씨는 어때요?

It's raining. Take your umbrella.
비가 오고 있어. 우산 가져가거라.

Thanks, mom. 고마워요, 엄마.

Model Writing

날짜 & 요일	March 3rd, Tuesday 3월 3일, 화요일	날씨	Sunny 화창함

시각	이 시각에 할 일
8:00 A.M. 오전 8시	It's time for breakfast. 아침 먹을 시간이다.

8:30 A.M. 오전 8시 30분	It's time for school. 학교 갈 시간이다.
12:30 P.M. 오후 12시 30분	It's time for lunch. 점심 먹을 시간이다.
6:30 P.M. 오후 6시 30분	It's time for dinner. 저녁 먹을 시간이다.
8:00 P.M. 오후 8시	It's time for homework. 숙제할 시간이다.
10:00 P.M. 오후 10시	It's time for bed. 잠잘 시간이다.

Chapter 9

A Dear Person
소중한 사람

Step 4 **Write & Say**

Hi, how are you? 안녕, 어떻게 지내?

I'm great. How are you?
난 아주 잘 지내. 너는 어떻게 지내?

I'm fine. Thanks. 나도 잘 지내. (물어봐 줘서) 고마워.

Step 4 **Write & Say**

Are you okay? 괜찮아?

No, I'm not. I'm tired. 아니. 나 피곤해.

Step 4 **Write & Say**

I'm sorry. 미안해.

That's okay. 괜찮아.

Step 4 **Write & Say**

Thank you, Joel. 고마워, Joel.

You're welcome. 천만에.

Word Review ·········· p.120

Sentence Review ·········· p.121

A

1. How
2. I'm
3. great
4. you
5. tired
6. hungry
7. sorry
8. okay
9. Thank
10. pleasure

B

Hello! How are you? 안녕! 어떻게 지내?

I'm fine. How are you?
나는 괜찮아. 너는 어떻게 지내?

I'm not good. 나는 좋지 않아.

Are you tired? 피곤하니?

Yes, I am. I'm so tired. 응, 맞아. 나 엄청 피곤해.

Real Writing ·········· p.122

Model Writing

Dear Mom, 엄마에게

Hello, Mom! 엄마, 안녕하세요!

How are you? I'm fine. 어떻게 지내세요? 저는 좋아요.

You are kind and beautiful.
엄마는 친절하고 아름다우세요.

You have pretty eyes, too. 눈도 예쁘시고요.

I can't help you much.
제가 엄마를 많이 도와드리지 못하네요.

I'm sorry. 죄송해요.

But thank you for everything.
하지만 모든 것에 대해 감사드려요.

I love you, mom. 사랑해요, 엄마.

Love, 사랑하는

Elena Elena가

초등 필수 영어 단어

초등 필수 영어 단어

초등 영어과 교육과정에서 제시하는 초등 필수 영어 단어(800개)와 검정 교과서에서 많이 활용되는 단어들을 모았습니다. 파란색 단어는 이 책에서 공부한 단어들이에요. 이 단어들을 익히고 5학년을 맞이한다면 영어 공부가 한결 수월해질 거예요.

	A	
1	a/an	하나의
2	about	~에 대한
3	above	~보다 위에
4	across	건너서
5	act	행동(하다)
6	add	덧붙이다
7	address	주소
8	adult	성인, 어른
9	afraid	두려워하는
10	after	~ 뒤에/후에
11	afternoon	오후
12	again	한 번 더, 다시
13	against	~에 반대하여
14	age	나이
15	ago	~ 전에
16	agree	동의하다
17	ahead	앞으로
18	air	공기
19	airplane	비행기
20	album	앨범
21	all	모든, 다
22	almost	거의
23	alone	혼자
24	along	~을 따라
25	already	이미, 벌써
26	alright	괜찮은 (= all right)
27	also	또한, 게다가
28	always	항상, 언제나
29	a.m./A.M.	오전
30	amazing	놀라운, 대단한
31	and	그리고, ~와
32	angry	화난, 성난
33	animal	동물
34	another	또 다른

35	answer	대답, 회신
36	any	아무, 어느
37	anytime	언제든지, 언제나
38	apartment	아파트
39	apologize	사과하다
40	apple	사과
41	appreciate	고마워하다, 가치를 인정하다
42	April	4월
43	area	지역
44	arm	팔
45	around	대략, 주위에
46	arrive	도착하다
47	art	미술, 예술
48	artist	예술가, 화가
49	as	~처럼/같이
50	ask	묻다
51	at	~에(서)
52	August	8월
53	aunt	고모, 이모, 숙모
54	autumn	가을
55	away	떨어져
	B	
56	baby	아기
57	back	등, 뒤쪽의, 과거의
58	bad	안 좋은, 나쁜
59	badminton	배드민턴
60	bag	가방
61	bake	굽다
62	ball	공
63	banana	바나나
64	bank	은행
65	base	기초, 토대
66	baseball	야구
67	basket	바구니
68	basketball	농구

No.	English	Korean
69	bat	방망이
70	bath	욕조, 목욕하다
71	be(am, are, is)	~이다, 있다, 존재하다
72	beach	해변, 바닷가
73	bear	곰, 참다
74	beauty	아름다움, 미(인)
75	beautiful	아름다운
76	because	~ 때문에, 왜냐하면
77	become	~이 되다
78	bed	침대
79	bee	벌
80	beef	소고기
81	before	~ 전에, ~ 앞에
82	begin	시작하다
83	behind	~ 뒤에
84	believe	믿다
85	bell	종(소리)
86	below	~ 아래에
87	belt	벨트, 허리띠
88	beside	~ 옆에
89	between	~ 사이에
90	big	큰
91	bike	자전거
92	bill	고지서, 계산서
93	bird	새
94	birth	탄생, 출생
95	biscuit	비스킷
96	black	검은(색)
97	blood	피, 혈액
98	blue	파란(색)
99	board	판자, 판
100	boat	배, 보트
101	body	몸, 신체
102	bone	뼈
103	book	책
104	boring	재미없는, 지루한
105	borrow	빌리다
106	both	둘 다(의)
107	bottle	병
108	bottom	맨 아래, 바닥
109	box	상자
110	boy	소년, 남자아이
111	brave	용감한
112	bread	빵
113	break	깨어지다, 고장나다
114	breakfast	아침(식사)
115	bridge	다리
116	bright	밝은
117	bring	가져오다, 데려오다
118	brother	형, 오빠, 남동생
119	brown	갈색(의)
120	brush	붓, 솔, 빗자루
121	build	짓다, 건설하다
122	burn	타오르다, 불에 타다
123	bus	버스
124	business	사업, 장사, 일
125	busy	바쁜
126	but	그러나, 하지만
127	butter	버터
128	button	단추, 버튼
129	buy	사다
130	by	~ 옆에
131	bye	안녕
	C	
132	cake	케이크
133	call	~라고 부르다, 전화
134	camera	카메라
135	camp	야영지, 야영하다
136	campaign	캠페인
137	can	~할 수 있다, 깡통
138	candy	사탕
139	cap	모자
140	car	승용차, (자동)차
141	card	카드, 두꺼운 용지
142	care	돌봄, 보살핌, 돌보다
143	carrot	당근
144	carry	가지고 다니다, 나르다
145	case	통, 경우
146	casual	평상시의
147	cash	현금
148	cat	고양이
149	catch	잡다, 받다
150	center	중심(점)
151	certain	확실한, 틀림없는
152	chair	의자
153	chance	가능성, 기회
154	change	변하다, 달라지다
155	cheap	(값이) 싼

156	check	살피다, 점검하다		200	cover	씌우다, 덮다
157	cheese	치즈		201	cow	암소, 젖소
158	chicken	닭(고기)		202	crayon	크레용
159	child	아이, 어린이		203	cream	크림
160	chocolate	초콜릿		204	cross	X표, 건너다
161	choose	선택하다		205	cry	울다, 외치다
162	church	교회		206	culture	문화
163	circle	원, 동그라미		207	cup	컵
164	city	도시		208	curtain	커튼
165	class	학급, 수업		209	customer	손님, 고객
166	clean	깨끗한, 청소하다		210	cut	베다, 자르다
167	clear	분명한, 확실한		211	cute	귀여운
168	clever	영리한, 똑똑한			**D**	
169	climb	오르다		212	dance	춤(추다)
170	clock	(벽)시계		213	danger	위험
171	close	가까운, 닫다		214	dark	어두운, 짙은
172	clothes	옷, 의복		215	date	날짜, 시기
173	cloud	구름		216	daughter	딸
174	cloudy	흐린, 구름 낀		217	day	하루, 날, 요일
175	club	클럽, 동호회		218	dead	죽은
176	coat	외투, 코트		219	death	죽음
177	coffee	커피		220	December	12월
178	cold	추운, 차가운		221	decide	결정하다
179	collect	모으다, 수집하다		222	deep	깊은, 심각한, (색이) 짙은
180	college	대학(교)		223	delicious	맛있는
181	color	색(깔), 빛깔		224	design	디자인, 설계하다
182	come	오다		225	desk	책상
183	comic	웃기는, 재미있는		226	dialog	대화
184	company	회사		227	die	죽다
185	compute	계산하다		228	difficult	어려운, 힘든
186	condition	(건강) 상태		229	dinner	저녁(식사)
187	congratulate	축하하다, 기뻐하다		230	discuss	상의하다
188	control	지배(하다), 통제(하다)		231	do	하다
189	cook	요리하다, 요리사		232	doctor	의사
190	cookie	쿠키		233	dodge ball	피구
191	cool	시원한, 식다		234	dog	개
192	corner	모서리, 코너		235	doll	인형
193	cost	값, 비용		236	door	문
194	could	can의 과거형		237	double	두 배(의)
195	country	국가, 나라		238	doughnut	도넛
196	couple	두 사람, 몇 명		239	down	아래에, 아래로
197	course	강의, 강좌		240	draw	그리다
198	court	법원, 법정		241	dream	꿈(을 꾸다)
199	cousin	사촌		242	dress	드레스, 원피스

No.	Word	Meaning		No.	Word	Meaning
243	drink	음료, 마시다		285	favorite	매우 좋아하는
244	drive	운전하다		286	February	2월
245	drop	떨어지다, 방울		287	feel	느끼다, 감촉
246	drum	북, 드럼		288	festival	축제
247	dry	마른, 마르다		289	field	들판, 밭
248	duck	오리		290	fifty	50, 쉰
249	during	~ 동안, ~ 사이에		291	fight	싸우다
	E			292	file	파일, 서류철
250	ear	귀		293	fill	채우다, 메우다
251	early	일찍		294	film	영화, 촬영하다
252	earth	지구, 땅		295	find	찾다, 발견하다
253	east	동쪽		296	fine	좋은, 괜찮은
254	eat	먹다		297	finger	손가락
255	egg	알, 달걀, 계란		298	finish	끝내다, 마치다
256	eight	8, 여덟		299	fire	불, 화재
257	elephant	코끼리		300	first	첫, 첫 번째의
258	eleven	11, 열하나		301	fish	물고기, 낚시하다
259	end	끝(내다)		302	firefighter	소방관
260	energy	에너지, 활기		303	five	5, 다섯
261	cnginccr	기술자		304	fix	고정시키다, 고치다
262	English	영어, 영국의		305	floor	바닥, 층
263	enough	충분한		306	flower	꽃
264	enter	들어가다, 들어오다		307	fly	날다
265	eraser	지우개		308	focus	초점, 집중하다
266	evening	저녁, 밤, 야간		309	food	음식, 식품
267	every	모든		310	fool	바보, 속이다
268	example	예, 본보기		311	foot	발
269	excellent	훌륭한, 아주 좋은		312	football	축구
270	exercise	운동(하다)		313	for	~을 위한, ~의
271	exciting	신이 난, 흥분되는		314	forest	숲, 삼림
272	eye	눈		315	forget	잊(어버리)다
	F			316	fork	포크
273	face	얼굴, 마주보다		317	form	유형, 형성되다
274	fact	사실		318	forty	40, 마흔
275	fail	실패하다		319	four	4, 넷
276	fall	떨어지다, 넘어지다		320	fox	여우
277	family	가족		321	free	자유로운, 풀어주다
278	fan	선풍기, 부채질하다		322	fresh	신선한
279	fantastic	기가 막히게 좋은, 환상적인		323	Friday	금요일
280	far	멀리		324	friend	친구
281	farmer	농부		325	friendly	상냥한, 다정한
282	fast	빠른		326	from	~에서, ~부터
283	fat	뚱뚱한		327	front	앞면, 앞부분
284	father	아버지(= dad, daddy 아빠)		328	fruit	과일, 열매

329	full	가득한		371	hate	몹시 싫어하다
330	fun	재미, 즐거운		372	have	가지고 있다
331	future	미래(의)		373	he	그(남자), 그분
	G			374	head	머리
332	game	게임, 경기, 시합		375	heart	심장, 가슴
333	garden	뜰, 정원		376	heat	열, 열기
334	gas	기체, 가스		377	heavy	무거운
335	gentleman	신사		378	hello	안녕(만났을 때 인사)(= hey, hi)
336	get	받다, 얻다		379	helmet	헬멧
337	girl	여자아이, 소녀		380	help	돕다, 도움
338	give	(건네)주다		381	her	그녀의
339	glad	기쁜, 반가운		382	here	여기(에)
340	glass	유리, 잔		383	hero	영웅, (남자) 주인공
341	glove	장갑		384	high	높은
342	go	가다		385	hike	하이킹 (가다), 도보 여행
343	goal	골, 득점, 목표		386	hill	언덕
344	god	신(과 같은 존재)		387	his	그의
345	gold	금		388	history	역사
346	good	좋은 (goods 상품)		389	hit	때리다, 치다
347	goodbye	안녕(히 가세요), 작별인사		390	hobby	취미
348	grandfather	할아버지		391	hold	잡고 있다, 쥐다
349	grape	포도		392	holiday	휴일, 휴가
350	grass	풀, 잔디		393	home	집, 가정
351	gray	회색(의)		394	homework	숙제, 과제
352	great	훌륭한, 대단한		395	honest	정직한
353	green	녹색(의), 초록색(의)		396	hope	바라다, 희망(하다)
354	ground	땅바닥, 지면		397	horse	말
355	group	무리, 집단		398	hospital	병원
356	grow	커지다, 자라다		399	hot	더운, 매운
357	guess	추측[짐작]하다		400	hour	시간
358	guitar	기타		401	house	집, 주택
359	gum	잇몸, 껌		402	how	얼마나, 어떻게
360	guy	남자, 녀석, 사람들		403	however	하지만, 그러나
	H			404	human	사람(의), 인간(의)
361	habit	버릇, 습관		405	hundred	100, 백
362	hair	머리(털, 카락)		406	hungry	배고픈
363	hamburger	햄버거		407	hunt	사냥하다
364	hamster	햄스터		408	hurry	서두르다
365	hand	손		409	husband	남편
366	handsome	잘생긴			**I**	
367	hang	걸다, 매달다		410	I	나
368	happy	행복한, 기쁜		411	ice	얼음
369	hard	단단한, 딱딱한		412	ice cream	아이스크림
370	hat	모자		413	idea	발상, 생각

414	if	(만약) ~하면	455	lazy	게으른
415	image	이미지, 영상, 모습	456	learn	배우다, 학습하다
416	in	~ 안에	457	left	왼쪽(의)
417	inside	~의 안[속]에	458	leg	다리
418	interesting	흥미로운	459	lesson	수업, 교습
419	Internet	인터넷	460	let	허락하다, ~하게 하다 (let's ~하자)
420	into	~ 안[속]으로	461	letter	편지, 글자
421	introduce	소개하다	462	library	도서관
422	invite	초대하다	463	lie	눕다, 거짓말
423	issue	주제, 쟁점	464	life	삶, 생명
424	it	그것	465	light	빛, 가벼운, (색이) 옅은
425	its	그것의	466	like	좋아하다, ~와 비슷한
	J		467	line	선, 줄
426	jacket	재킷, 상의	468	lion	사자
427	January	1월	469	lip	입술
428	jam	잼	470	listen	듣다
429	job	일, 직장	471	little	작은, 거의 없는
430	join	연결하다, 가입하다	472	live	살다, 살아있는
431	juice	주스, 즙	473	long	긴, 오래
432	jump	뛰다, 점프하다	474	look	보다, 보이다
433	June	6월	475	love	사랑(하다)
434	just	딱, ~하는 바로 그 순간에	476	lovely	사랑스러운
435	July	7월	477	lot	많음, 다량, 다수
	K		478	low	낮은
436	keep	유지하다	479	luck	행운, 운이 좋은
437	key	키, 열쇠	480	lunch	점심(식사)
438	kick	(발로) 차다		**M**	
439	kid	아이, 청소년	481	mad	미친, 몹시 화가 난
440	kill	죽이다	482	mail	우편, 발송하다
441	kind	친절한, 다정한	483	make	만들다
442	king	왕	484	man	남자, 사람, 인류
443	kiss	키스(하다), 뽀뽀	485	many	많은
444	kitchen	부엌, 주방	486	map	지도
445	knife	칼	487	marathon	마라톤
446	know	알다	488	March	3월
447	Korean	(한)국어, 한국의	489	market	시장
	L		490	marry	결혼하다
448	lady	여성, 숙녀	491	mathematics	수학
449	lake	호수	492	may	~해도 된다
450	land	육지, 착륙하다	493	May	5월
451	large	큰, 많은	494	meat	고기
452	laser	레이저	495	medal	메달, 훈장
453	last	마지막의	496	meet	만나다, 모이다
454	late	늦은	497	member	구성원, 회원

No.	Word	Meaning
498	memory	기억(력)
499	middle	중앙, 가운데
500	might	~할지도 모른다(may의 과거형)
501	milk	우유
502	mind	마음, 정신
503	miss	놓치다, 그리워하다
504	Monday	월요일
505	model	모형, 모델
506	money	돈
507	monkey	원숭이
508	month	달, 월
509	moon	달
510	morning	아침
511	mother	어머니(= mom, mommy 엄마)
512	mountain	산
513	mouse	쥐
514	mouth	입
515	move	움직이다, 옮기다
516	movie	영화
517	much	많은, 매우, 많이
518	music	음악
519	must	~해야 하다
520	my	나의

	N	
521	name	이름
522	nation	국가
523	nature	자연
524	near	가까운
525	neck	목
526	need	필요로 하다
527	never	결코 ~않다
528	new	새로운, 새 것
529	news	소식
530	newspaper	신문
531	next	다음의
532	nice	좋은, 멋진, 친절한
533	night	밤
534	nine	9, 아홉
535	no	아니, 안 돼(요)
536	north	북쪽
537	nose	코
538	not	~ 아니다
539	note	메모, 쪽지
540	notebook	공책

541	nothing	아무 것도 (아니다)
542	November	11월
543	now	지금, 이제
544	number	수, 숫자
545	nurse	간호사

	O	
546	o'clock	정각
547	October	10월
548	of	~의
549	off	~에서 (멀리) 떨어진
550	office	사무실, 사무소
551	often	자주, 종종
552	oh	오(감탄의 말), 어
553	oil	기름, 오일
554	okay	응, 좋아(요) (= OK)
555	old	늙은, 나이 많은, ~살
556	on	~ 위에
557	one	1, 하나
558	only	유일한, 오직
559	open	열려 있는, 열다
560	or	아니면, 또는
561	orange	오렌지(색의), 주황색(의)
562	out	밖에
563	outside	바깥쪽(에)
564	over	~ 위쪽에, ~을 넘어

	P	
565	page	쪽, 페이지
566	paint	(색)칠하다
567	pants	바지
568	paper	종이
569	parent	부모
570	park	공원, 주차하다
571	part	일부, 부분
572	partner	동반자, 애인
573	party	파티, 모임
574	pass	지나가다, 통과하다
575	pay	지불하다
576	peach	복숭아
577	pear	배
578	pen	펜
579	pencil	연필
580	pencil case	필통
581	people	사람들
582	pet	반려동물

583	phone	전화(기)
584	piano	피아노
585	pick	고르다, 뽑다
586	picture	그림, 사진
587	pig	돼지
588	pilot	조종사, 비행사
589	pink	분홍색(의)
590	pizza	피자
591	place	장소
592	plan	계획
593	plastic	플라스틱
594	play	놀다, 연주하다
595	please	기쁘게 하다, 제발
596	pleasure	기쁨, 기쁜 일
597	p.m./P.M.	오후
598	point	요점, 중요한 말
599	police	경찰
600	poor	가난한, 불쌍한
601	potato	감자
602	power	힘, 권력
603	present	현재의, 선물
604	pretty	예쁜
605	prince	왕자
606	print	인쇄하다
607	problem	문제
608	program	프로그램, 진행 순서
609	project	프로젝트, 연구 과제, 기획
610	puppy	강아지
611	push	밀다
612	put	놓다
Q		
613	queen	여왕
614	question	질문
615	quick	빠른
616	quiet	조용한
617	quiz	퀴즈, (간단한) 시험
R		
618	rabbit	토끼
619	race	경주, 달리기
620	radio	라디오
621	rain	비(가 오다)
622	rainy	비가 오는, 비가 올 듯한
623	raining	비가 오는 중인
624	read	읽다

625	ready	준비가 된
626	recreation	레크리에이션, 오락
627	red	빨간(색의)
628	remember	기억하다
629	restaurant	식당, 레스토랑
630	restroom	화장실
631	return	돌아오다
632	ribbon	리본
633	rich	부유한, 돈 많은
634	right	옳은, 오른쪽(의)
635	ring	반지, 고리
636	river	강
637	road	길
638	robot	로봇
639	rock	바위
640	room	방
641	rose	장미
642	ruler	자
643	run	달리다
644	really	실제로, 정말로
645	ride	타다
S		
646	sad	슬픈
647	safe	안전한
648	salad	샐러드
649	sale	판매
650	salt	소금
651	same	같은
652	sand	모래(사장)
653	sandwich	샌드위치
654	Saturday	토요일
655	save	구하다, 저축하다
656	say	말하다
657	school	학교
658	science	과학
659	scissors	가위
660	score	점수
661	sea	바다
662	season	계절
663	second	두 번째의
664	see	보다
665	sell	팔다
666	send	보내다
667	September	9월

번호	단어	뜻	번호	단어	뜻
668	service	서비스, 봉사	712	south	남쪽(의)
669	set	놓다, 배치하다	713	space	공간, 우주
670	seven	7, 일곱	714	spaghetti	스파게티
671	she	그녀	715	speak	이야기하다, 말하다
672	ship	배	716	speed	속도, 속력
673	shirt	셔츠	717	spoon	숟가락
674	shoe	신발	718	sport	스포츠
675	shop	가게, 쇼핑하다	719	spring	봄, 용수철
676	short	짧은	720	staff	직원
677	should	~해야 하다, ~일 것이다	721	stand	(일어)서다, 서 있다
678	show	보여 주다	722	star	별
679	shy	부끄러워하는, 수줍은	723	start	시작하다
680	sick	아픈	724	stay	계속 있다, 머무르다
681	side	(어느 한)쪽	725	steak	스테이크
682	sing	노래하다	726	stone	돌
683	sister	언니, 누나, 여동생	727	stop	멈추다
684	sit	앉다	728	store	가게, 저장하다
685	six	6, 여섯	729	story	이야기
686	size	사이즈, 크기	730	street	거리, 도로
687	skate	스케이트(를 타다)	731	strong	강한, 힘이 센
688	ski	스키(를 타다)	732	student	학생
689	skin	피부, 껍질	733	study	공부하다
690	skirt	치마	734	style	방식, 스타일
691	sky	하늘	735	subway	지하철
692	sleep	(잠을) 자다	736	sugar	설탕
693	slow	느린	737	summer	여름
694	small	작은	738	sun	해, 태양
695	smell	냄새나다, 냄새 맡다	739	Sunday	일요일
696	smile	웃다, 미소짓다	740	sunny	화창한, 햇볕이 잘 드는
697	snow	눈(이 오다)	741	sure	확실한, 당연한
698	snowy	눈이 내리는, 눈이 쌓인	742	swim	수영하다
699	snowing	눈이 오는 중인		**T**	
700	so	그렇게, 너무, 정말	743	table	식탁, 탁자
701	soccer	축구	744	tail	꼬리
702	sock	양말	745	take	가지고 가다, 잡다
703	soft	부드러운	746	talk	말하다
704	software	소프트웨어	747	tall	키가 큰
705	some	약간의, 조금의	748	tape	테이프(로 묶다)
706	son	아들	749	taste	맛(보다)
707	song	노래	750	taxi	택시
708	soon	곧	751	teacher	선생님, 교사
709	sorry	미안한	752	team	팀, 조직
710	sound	소리, 들리다	753	television	텔레비전, TV
711	soup	수프	754	tell	알리다, 말하다

755	ten	10, 열		799	try	시도하다
756	tennis	테니스		800	Tuesday	화요일
757	tent	텐트, 천막		801	turn	돌다, 차례
758	test	시험, 테스트		802	twelve	12, 열둘
759	textbook	교과서		803	twenty	20, 스물
760	than	~보다		804	twenty-first	스물 한 번째
761	thank	감사하다, 고마워하다		805	twenty-second	스물 두 번째
762	that	저것, 그것		806	twenty-third	스물 세 번째
763	the	그		807	twice	두 번, 두 배
764	there	거기에, 그곳에		808	two	2, 둘
765	they	그들		809	type	유형, 타입
766	thing	사물, 것			**U**	
767	think	생각하다		810	ugly	못생긴
768	third	셋째의		811	umbrella	우산
769	thirsty	목 마른		812	uncle	삼촌
770	thirteen	13, 열 셋		813	under	~ 아래에
771	thirty	30, 서른		814	understand	이해하다
772	this	이것, 이 (사람)		815	up	~ 위에, ~ 위로
773	thousand	1000, 천		816	use	사용하다
774	three	3, 셋			**V**	
775	Thursday	목요일		817	vegetable	채소
776	ticket	표		818	very	매우
777	tiger	호랑이		819	video	비디오
778	time	시간		820	violin	바이올린
779	tired	피곤한		821	visit	방문하다
780	to	~해서, ~로, ~까지		822	voice	목소리
781	today	오늘			**W**	
782	together	함께		823	wait	기다리다
783	tomato	토마토		824	wake	잠이 깨다
784	tomorrow	내일		825	walk	걷다
785	tonight	오늘밤		826	wall	벽
786	too	~도, 역시		827	want	원하다
787	tooth	이, 치아		828	war	전쟁
788	top	꼭대기, 최고		829	warm	따뜻한
789	touch	만지다		830	wash	씻다
790	town	도시, 번화가		831	watch	보다, 손목 시계
791	toy	장난감		832	water	물
792	track	길, 자국		833	watermelon	수박
793	train	기차		834	way	길, 방법
794	travel	여행하다		835	we	우리
795	tree	나무		836	wear	입다, 쓰다, 신다
796	trip	여행		837	weather	날씨
797	truck	트럭		838	website	웹사이트
798	true	참된, 진짜의		839	wedding	결혼

840	week	주, 평일
841	weekend	주말
842	weight	무게, 무겁게 하다
843	welcome	환영하다, 반가운
844	well	잘, 훌륭하게
845	Wednesday	수요일
846	west	서쪽(의)
847	wet	젖은
848	what	무엇, 무슨
849	when	언제
850	where	어디에
851	white	하얀(색)
852	who	누구
853	why	왜
854	wife	아내
855	will	~할 것이다
856	win	이기다
857	wind	바람
858	window	창문
859	wine	포도주
860	winter	겨울
861	wish	원하다, 바람
862	with	~와 함께
863	woman	여자
864	wood	나무
865	word	단어, 낱말, 말
866	work	일(하다)
867	world	세계, 세상
868	worry	걱정(하다)
869	wow	우와, 와
870	write	쓰다, 집필하다
871	wrong	틀린, 나쁜
Y		
872	year	해, 년
873	yellow	노란(색)
874	yes	네, 응, 그래 (= yeah, yep)
875	yesterday	어제
876	you	너, 당신
877	young	젊은
Z		
878	zoo	동물원
879	zookeeper	사육사

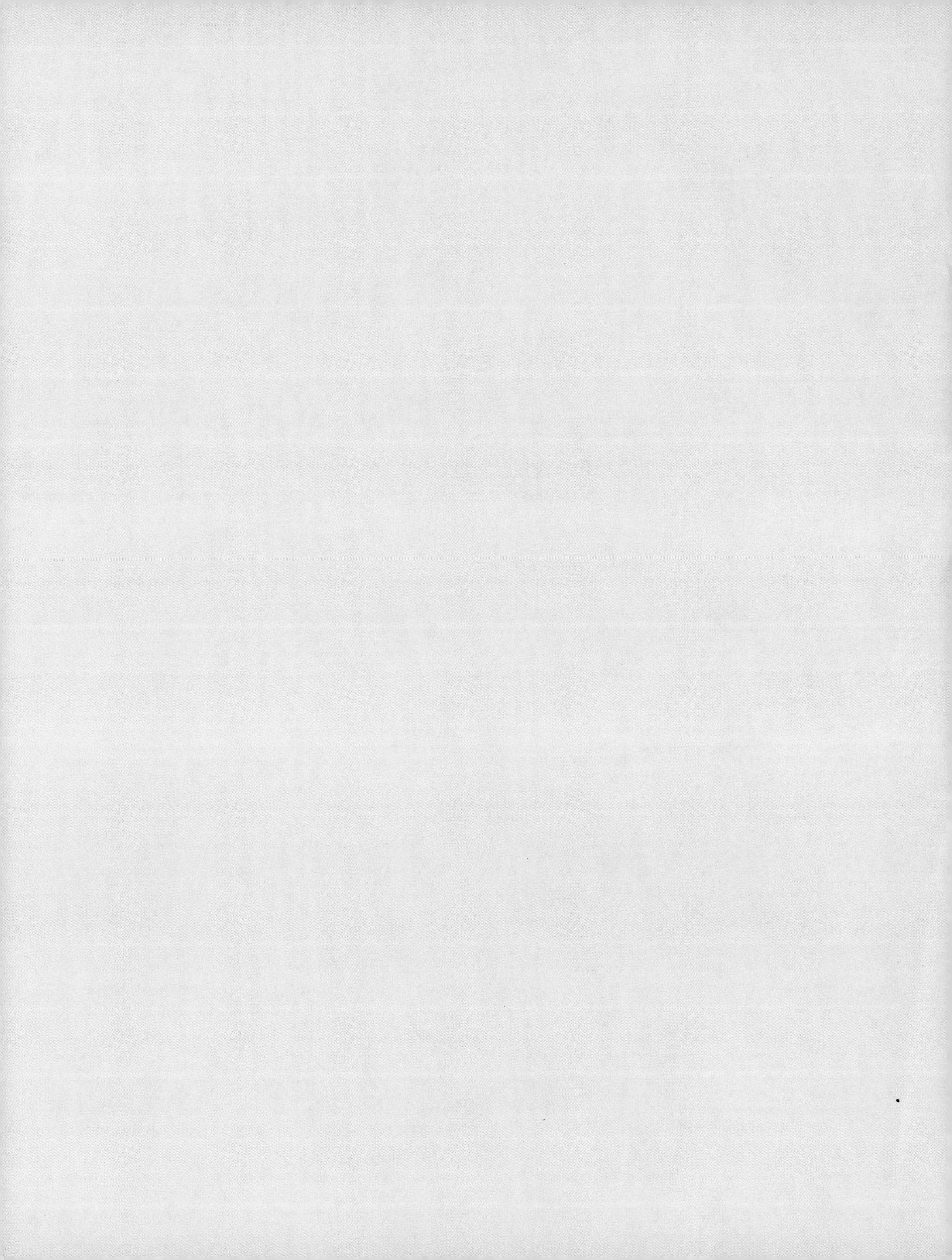